Starting to Collect Antique Jewellery

欧洲古董首饰收藏

JOHN BENJAMIN

STARTING TO COLLECT
ANTIQUE JEWELLERY

欧洲古董首饰收藏

〔英〕约翰·本杰明 /著
John Benjamin

杨柳 任伟 /译

社会科学文献出版社
SOCIAL SCIENCES ACADEMIC PRESS (CHINA)

◆ 本书受北京第二外国语学院校级出版基金项目资助出版。

古董收藏俱乐部简介

古董收藏俱乐部于 1966 年成立，现在已经成为世界知名的顶级收藏类图书出版商。该俱乐部同时还出版独立运营的收藏杂志——《古董收藏》（*Antique Collecting*），杂志从毫不起眼到迅速发展，建立了世界范围的订购网络。

杂志的理念：一切为了收藏者，来自收藏者，关于收藏。杂志秉持的目标是积极拓宽收藏者的古董知识视野，不断提高收藏者鉴别古董质量的认知能力，阐述影响古董价格的因素。

所有对古董收藏感兴趣的读者都可以订阅《古董收藏》，订阅者每年可以收到 10 份期刊。插图丰富的文章内容涉及收藏实践的方方面面，提供大量有关古董的价格、价值特征、投资潜力以及仿制和做伪方面的关键知识。另外还为订阅者提供相关书籍的折扣信息。

为了应对"为什么支付"的巨量信息需求，古董收藏俱乐部自 1968 年引入了一系列著名的价格指导系列书籍。该系列书籍的标题是"古董家具价格指导"（后更名为"英国古董家具：价格指导以及价值依据"），直到现在这套图书仍有读者不断购买。从创始以来，古董收藏俱乐部茁壮成长，出版了大量涵盖古董物品的标准性参考书籍，如《头冠》（*Tiaras*）、《20世纪英国瓷器设计师》（*20th Century Ceramic Designers in Britain*）等。

古董收藏俱乐部不仅满足它的原始客户的需求，而且不断开拓新的领域，包括艺术品鉴、建筑学、园艺设计、园艺以及纺织品。在世界上的任何一个书店都可以看到古董收藏俱乐部的出版物，读者也可以从以下地址免费获得出版目录。

通过以下方式可以获得古董收藏俱乐部更多信息：

ACC Publishing Group Ltd
Sandy Lane, Old Martlesham
Woodbridge, Suffolk IP12 4SD, UK
Tel: 01394 389950 Fax: 01394 389999
E-mail: info@antique-acc.com
or
ACC Distribution
6 West 18th Street, Suite 4B
New York, NY 10011, USA
Tel: 212 645 1111 Fax: 212 989 3205
E-mail: sales@antiquecc.com
Or visit our website: www.antiquecollectorsclub.com

FOR P.C.K.–WITH LOVE

致 谢

在本书中出现的大多数图片来自伦敦主要的首饰店、长期交易合作伙伴、博物馆和拍卖行。我非常感谢所有同事的热心帮助，他们允许我使用、拍摄他们的储备物品以及私人藏品。

首先要特别感谢 S.J. 菲利普斯公司（S.J.Phillips）的乔纳森·诺顿（Jonathan Norton）先生和他的同事，他们不仅提供了大量的幻灯片，而且允许我使用公司的办公室进行拍摄。非常感谢本特利和斯金纳公司（Bentley & Skinner）的保罗·格里尔（Paul Greer）先生，汉考克斯公司（Hancocks）的邓肯·赛门斯（Duncan Semmens）先生、桑德拉·柯南（Sandra Cronan）小姐，沃尔塔斯基首饰公司（Wartski Ltd.）的基兰·马克卡塞（Kieran McCarthy）先生、约翰·杰西（John Jesse）先生，以及盖特韦（Gateway）摄影师工作室的工作人员（他们提供了很多工艺美术运动时期的图片）。

我同样感谢我之前在菲利普斯拍卖行（Phillips Auctioneers）的同事基斯·佩通（Keith Penton）先生，感谢他的热心和慷慨；还感谢威力士拍卖行（Woolley & Wallis）的保罗·瓦伊尼（Paul Viney）先生为我提供许多必需的图片。

一并感谢以下在伦敦戴维斯大街（Davies Street）格雷斯古董市场（Grays Antique Market）向我出借过藏品的经销商：布瑞恩和雷尼·赫莫斯（Brian and Lynn Holmes）、塞尔维·司柏科措姆（Sylvie Spectrum）、夏彼洛公司（Shapiro & Co.）、萨通（Satoe）、格雷斯 RBR 集团（RBR Group at Grays）、麦克·朗茂（Michael Longmore）、约翰·约瑟夫古董珠宝（John Joseph）以及维普古董首饰（Wimpole Antiques）。

伦敦博物馆（The Museum of London）以及沃德斯登庄园（Waddesdon Manor）提供了很多重要的具有历史意义的照片，包括文艺复兴时期、17 世纪时期的饰品，以及"死亡提示"（Memento Mori）首饰。

我还要感谢帕特·诺维西西莫（Pat Novissimo）夫人、戴安娜·弗雷（Diana Foley）夫人、詹姆士（James）、伊丽莎白·高斯林（Elizabeth Gosling）夫人、玛德琳·波珀（Madeleine Popper）女士、吉妮·雷丁顿·道斯（Ginny Redington Dawes）女士、琳达·摩根（Linda Morgan）小姐、艾特妮·布朗（Etienne Brown）夫人、维基·沃勒（Vicky Waller）夫人、西尔维娅·昆内特 - 丘特（Sylvia Quenet-Chute）夫人以及我的摄影师唐·伍德（Don Wood）先生，感谢他完美专业的摄影技术。

最后我要感谢我的妻子帕特里夏（Patricia），她分担了我部分的打字工作，并在撰写这本书的过程中给予我坚定的支持。

006

目录

引　言　001

第 一 章　古董首饰中的宝石和宝石学　004

第 二 章　从早期到 18 世纪首饰的演变过程　040

第 三 章　19 世纪的珠宝首饰　051

第 四 章　珐　琅　070

第 五 章　钻石仿制品以及 18 世纪 50 年代到 20 世纪 30 年代的铅玻璃首饰　075

第 六 章　死亡产业："死亡提示"首饰和悼念首饰　081

第 七 章　浮雕与凹雕　087

第 八 章　马赛克　096

第 九 章　苏格兰首饰　102

第 十 章　动植物首饰　109

第十一章　表达情感和爱情的首饰　116

第十二章　19 世纪复古主义的历史　122

第十三章　普通金属首饰和材料　134

第十四章　配饰和功能性首饰　144

第十五章　银　饰　156

第十六章　工艺美术运动以及新艺术运动　162

第十七章　美好时代：早期的铂金首饰以及"花环"样式　176

第十八章　法贝热、蒂凡尼、卡地亚以及同时代的企业　181

第十九章　装饰艺术和建筑学风格的变革　191

名人辑录　201

首饰收藏纪要　209

索　引　214

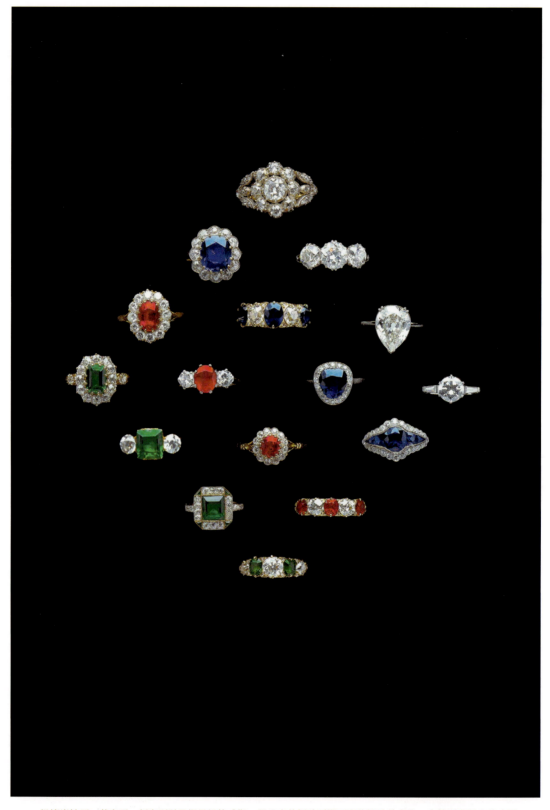

一组镶嵌钻石、蓝宝石、红宝石以及祖母绿的戒指，显示出从摄政时期到现代设计的变化。本特利和斯金纳公司

引 言

1972 年，我离开学校开始了我的珠宝贸易生涯。刚入行时，我在伦敦布鲁姆斯伯里区（Bloomsbury）一家叫作"雕刻之角"（Cameo Corner）的古董首饰店做学徒。这家店距离大英博物馆大门不到 50 米，距离伦敦大学、林肯律师学院以及考文特花园（Covent Garden）也只有一步之遥。这一地区林立着古文物研究的书商、古董商店，还有许多在博物馆中整日占据借阅室的学者、艺术家、作家和一群被伦敦波西米亚社区吸引的古怪人群。对于一个刚入行的新手店员来说，这是非常理想的文化氛围，在这里能够从古董首饰中学习到强大的美学主题。

20 世纪 20 年代，波兰犹太人摩西·奥维德（Mosheh Oved）白手起家，创立了"雕刻之角"古董首饰店。然而到他离世的 1953 年，这家小店已经拥有了一长串引以为荣的顾客：雕塑家雅各布·埃伯斯坦（Jacob Epstein）、多名外国的王妃以及我们的玛丽皇后（Queen Mary，她非常喜欢她专用的扶手椅）。"雕刻之角"专业收藏从古罗马到维多利亚时期的珍品珠宝首饰，也包括各种镶嵌在戒指、胸针上的宝石浮雕，有的甚至整套保存在原装盒子中。其中一个展柜中陈列了一组文艺复兴时期的珐琅作品，另一个展柜中陈列着意大利复古风格的贴颈链、手链，与镶有紫晶、石榴石的摄政时期（Regency）的王冠交相辉映。来自罗马和希腊的顶级藏品，如金项圈和古代艺术品被安全地存放在商店的后面。1974 年，许多绝世罕见的藏品遭到武装抢劫，从此杳无音信。

相比于现代，20 世纪 70 年代的珠宝首饰收藏市场有四个重要的特点：

第一，易得性。在这段时间里，维多利亚时期的金饰品，特别是低 K 金的吊坠、手镯非常

008

"雕刻之角"的内景，伦敦博物馆大街 26 号。注意：右边的柜子从上到下都摆满了成套的古董珠宝。

丰富，所以经常像废料一样被卖掉。如今，一件带吊坠盒的贴颈链，或者一对复古风格的水滴形耳饰已经非常罕见，而且相当昂贵。

第二，价格便宜。不论是什么饰品，一个朱利亚诺（Giuliano）吊坠，一件皇家珠宝，或是一件维多利亚时期的情人胸针，它们不断上升的价格反映的是稀有性、收藏性和消费需求。我经常听那些经验丰富的商人哀叹，要花费 5000 英镑才能购买到的一枚"美好时代"[1]的漂亮戒指，在 30 年前只需 250 英镑。

第三，时尚性。通常来说，钻石或其他的旧宝石这类不时尚的"遗产"首饰会被常规性地拆解，然后重新切割、镶嵌。很多古董首饰需要几个阶段的重新评估，在流行性和价值关联方面经历几轮上涨或下跌。几年前，战前的怀旧首饰非常难以出售，现在维多利亚时期的钻石花卉饰品需求量相当低。之前谁都相信在未来 10 年中 9K 黄金的魅力手镯会始终是独一无二的高雅饰品，但在当今的拍卖会上它只比废料略好一点。

第四，知识性。今天这个因素在理解和衡量首饰的价值方面占有很重的分量。当我开始入行的时候，很少有人知道莫卧儿王朝珠宝、明亮切工的钻石以及那些首饰上模糊不清的印记符号和"不知名的"19 世纪的首饰工匠朱尔斯（Jules）和路易斯·维斯（Louis Wiese）等。今天，内容丰富的书籍、拍卖会的拍卖目录都以图文结合的形式提供了大量的长篇介绍。知名专家在世界范围内开始做报告、开设鉴赏课程、组建工作室，那些稀有、连续被几代人收藏或忽视的展品不断出现在人们的视野中。随着像《古董秀》（Antiques Roadshow）这类电视节目的流行和互联网的便捷，珠宝首饰知识得到史无前例的迅速普及。

009 撰写这本书的目的是为学生和收藏爱好者提供一些建设性的信息，使他们能够鉴定、鉴赏各种市场上常见的古董珠宝首饰。本书介绍了从古代到装饰艺术（Art Deco）时期的珠宝首饰，如宝石、悼念首饰、复古风格首饰以及铅玻璃首饰等，同时介绍了一些古董珠宝首饰修复和评估的实用知识。然而这本书不是一本价格指导手册，笔者认为评估这些古典珠宝首饰的价值最重要的方法是"亲力亲为"，要在英国和海外的各种专业拍卖会上仔细观赏品鉴。

---

1 Belle Époque，指 19 世纪末到一战爆发前的时期。——译者注

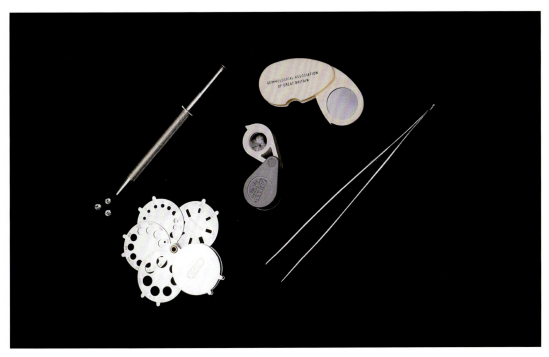

　　贸易中的基本工具：10x 蔡司放大镜，测量钻石大小的度尺，镊子，宝石抓手和鉴定、区分各种宝石（如祖母绿、海蓝宝石和合成尖晶石）的查尔斯滤镜。

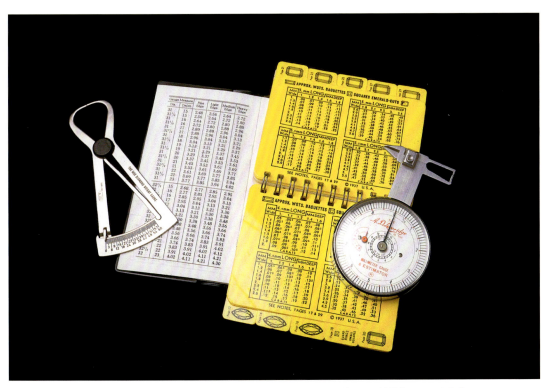

　　一个钻石重量卡尺和一个毫米度尺。对评估钻石和宝石的尺寸、重量来说，这些简单的工具是必备的。

第 一 章
古董首饰中的宝石和宝石学

宝石学是研究宝石的一门学科。在英国，通过两年的理论和实践课程学习可以获得宝石学国际认证资格，即 F.G.A（宝石协会会员），相当于在美国获得宝石研究者的身份（G.G）。

事实上，一个 F.G.A 将比没有经过认证的普通竞争者拥有明显的优势，你有足够的知识和信心检测一件珠宝，并能区分珍贵宝石及其仿制品。F.G.A 认证合格后，你可以选择继续接受为期一年的钻石鉴定认证学习（D.G.A）。

在世界范围的珠宝市场上，错误的评判经常是主题。古董珠宝首饰市场表现得尤为明显，许多旧的珠宝经常被错误评估。以下是几个案例：一枚维多利亚时期晚期的钻石胸针底部坠有一颗"珊瑚"，经过检测居然是一颗非常昂贵的粉色海螺珠；一串摄政时期的粉红色大小渐变的"托帕石"项链实际上是背后贴箔的水晶，价值只有原来的四分之一；一只标价为 2000 英镑的海蓝宝石戒指经过测试后结果是一颗合成尖晶石，价值只有 50 英镑。镶嵌在一枚 20 世纪 50 年代黄金胸针上的一颗"完美的斑彩黑欧泊"实际上是普通欧泊和水晶的三层拼合石。在人工合成的宝石中，最臭名昭著、能够以假乱真的莫过于合成刚玉，这种非常廉价的宝石能在自然光和人工光源下变色，居然可以当作亚历山大石销售，亚历山大石是一种非常稀有珍贵的金绿宝石。如果仔细观察宝石，还是很容易辨别的，因此，如果具备基本的宝石知识，能够区分它们的仿制品，你至少可以节省上千英镑的开支。

根据宝石的美观度、耐久性、稀有性和价值可以将其分为很多不同的类别，这些特征是被"专栏"描写的主要项目。由于分类方法非常主观，所以经常导致无休止的争论。我们以玉石为例，一串翡翠的珠形项链可以在国际上卖到上百万美金，而一个简单的现代软玉雕件仅值 50 英镑。同样，一枚产于 19 世纪并镶嵌深红色波西米亚（Bohemian）石榴石的星形镀金胸针价值只有 75 英镑，而一颗稀有的翠榴石在拍卖会上可以卖到每克拉 6000 英镑。

下面是一个仅代表个人意见的粗略表格，选择了在古董首饰中经常会遇到并需要识别的宝石和材料。

011

名贵宝石

名贵宝石	
钻石	名贵黑欧泊
刚玉（红蓝宝石）	翡翠
祖母绿	亚历山大石

半宝石	
紫水晶	橄榄石
海蓝宝石	无色水晶
金绿宝石	尖晶石
柠檬晶（黄水晶）	托帕石（黄玉）
石榴石	碧玺（电气石）
月光石	绿松石
欧泊（蛋白石）	锆石

装饰宝石	
玛瑙	拉长石
血玉髓	青金石
玉髓	孔雀石
绿玉髓	软玉
蓝玉髓	普通玉石
萤石	缟玛瑙和缠丝玛瑙
碧玉	芙蓉石

有机宝石	
珍珠	煤玉
琥珀	贝壳
珊瑚	玳瑁
象牙	

钻石

钻石是单一碳元素组成的晶体。巧合的是，钻石的名字来自古希腊的词语"Adamas"，意思是"不可战胜的"。钻石是阴谋与浪漫、背叛与贪婪等一系列的传奇组合。所有的石头，如果具备了宝石的特征就被认为是一颗真正的宝石。钻石是地球上最硬、最经久的物质，它璀璨绝伦，难以开采，同样其价值也无与伦比。

对钻石的评估经常使用以下四个要素，即"4C"[1]。在评估钻石的价值时，每一个要素都非常重要。

（1）颜色（Colour）。首饰中使用的大多数钻石是无色的或者是非常浅的黄色。黄色的程度类别其实是非常微小的，尤其是在"无色"或者深色的两端比较两块石头时经常难以判断。在珠宝贸易中通常使用 D~Z 的字母表来区分钻石的颜色，"D"即无色，"Z"即非常明显的黄色，所以能够将 G 色和 H 色钻石的颜色差距分辨出来是需要经验和技巧的。许多珠宝商和钻石批发商都有一套标明颜色级别的钻石样品[2]，通过与这些石头对比，他们可以很快做出判断。表面上看似一样的两颗钻

012

1　即 Colour、Clarity、Cut、Carat 四个词的首字母。——译者注
2　即比色石。——译者注

石，在价格上每克拉却可能相差几千美元。

钻石颜色的级别需要在国际认可的实验室确认，对于大颗粒的钻石或者古董钻石来说，这是非常重要的，值得庆幸的是，我们经常会得到一颗近乎无色并且无瑕的钻石。

（2）净度（Clarity）。没有任何杂质或者"内部无瑕"的钻石非常少见。钻石的杂质即钻石的"内含物"，包括在10倍放大镜下能够观察到的黑色点状石墨、浅色矿物包体、羽状纹、破口、生长纹以及表面缺陷。与颜色级别一样，钻石的净度也有一个国际认可的量表，从无瑕（IF）到有瑕疵（I_3）。比瑕疵级别（I）还差的钻石经常被称为工业

D色无瑕级橄榄形明亮切工的钻石，这是市场上颜色和净度最好的钻石。

钻，坦率来说这类钻石品质太差，不能用于镶嵌首饰。缺陷严重或者不透明的钻石一般用于工业生产，它们超强的硬度使其更适合应用在钻头、研磨盘以及光学产业中。

（3）切工（Cut）。切工指的是宝石的琢型和抛光面。最流行、最有价值的钻石切工是圆形明亮式切工，包含57~58个完美、匀称的几何小面，拥有最闪耀的光彩。这就是宝石的"加工工艺"，良好的工艺可以为宝石增加相当可观的附加价值，而劣质的工艺会使宝石失去原有的价值。如今钻石的切割方式形态各异，并且加工难度和刻面数量也在不断增加。现代流行的钻石切割方式有长祖母绿形、橄榄形（船形或者鱼雷形）、心形、椭圆形、梯方形（从20世纪30年代开始广泛应用的小祖母绿形）以及水滴形（带刻面的钻石珠粒）等。古董钻石一般由自然的晶体切割，这些钻石的原石来自印度、巴西等地长期干涸的冲积矿床。这些古老的钻石纯净度极高，极具亲和力和美感，经常被分割然后重新打磨成现代钻石的样式，这些钻石历史悠久，所以比"新矿"钻石更有收藏价值。

（4）"克拉"（Carat）。克拉是衡量钻石和宝石的重量单位，1克拉等于0.2克。"克拉"来自希腊的"keration"或者"little horn"（小角）。古代一个珍珠商人发现角豆树的种子重量都相当接近，可以作为非常可靠的重量单位，这些

橄榄形切工的彩色钻石，颜色达到艳彩黄色的级别，约 1910 年。这种"老矿"（old-mine）钻石很稀有，有非常大的市场需求。

种子长在形状像"little horn"（小角）的豆荚中，这样"克拉"这个重量单位开始广泛应用。一颗重量为 3 克拉半的钻石，即可描述为"3.5 克拉"；同理，半克拉即可描述为"0.5 克拉"。在区分两颗大小非常接近的钻石时，小数点后的第二位成为一个重要的衡量标准。

彩色钻石

彩色钻石在国际拍卖会上拍出奇高的价格是最近才有的现象。早在 20 世纪 70 年代，粉色或蓝色的钻石就已经被发现，但是它们的价格远没有今天这么高。在维多利亚时期

收藏彩色钻石的人可谓凤毛麟角，而收藏白色钻石的人却非常多，因而其价格也都无一例外的高昂。

彩色钻石有各种颜色，最稀有的是红色。1987 年，一颗 0.95 克拉的紫红色钻石在拍卖会上的售价为每克拉 88 万 ~92.6 万美元。彩色钻石颜色的明度和纯度决定了其价值，一颗艳黄色钻石的价值要远高于淡黄色钻石的价值；同样，略带灰色的蓝色钻石就不如深蓝色的钻石更有吸引力。这就是要将精品钻石带到国际实验室去检测的原因，这样它的颜色可以得到科学的评估。总之，棕色的钻石是非常廉价的，尽管近期很流行用黑色和无色钻石搭配镶嵌以增强产品的对比度，黑色钻石的价值和普及度有所提高，但它的价格还是很便宜。

在古董胸针和吊坠中发现一颗彩色钻石的概率是很大的。为了提高它们的价值，这些宝石也经常被拆解下来重新切割打磨成符合现代潮流的样式。收藏这些彩色钻石有一个意想不到的方法，就是寻找维多利亚时期的领带别针，这个时期普遍使用爪镶的方法将单颗的宝石镶嵌在黄金上面。这些钻石一般都很小，没有特别大的商业收益，但这是一个可以用低成本收获彩色钻石谱系的完美方案。

历史上的钻石切割工艺

钻石早在罗马时期就作为宝石镶嵌在首饰中。在整个的历史长河中，钻石一直作为

财富和各种力量的象征，如医学、药用和护身符等。在中世纪时期，人们认为佩戴钻石可以防止瘟疫，钻石的粉末也是一种高效的毒药。从中世纪时期到 16 世纪，人们将钻石的原石晶体镶嵌在金戒指上，用来在窗户玻璃上写字。这种未经打磨的八面体钻石晶体以"尖式钻石"闻名，它们使用黄金镶嵌，除了有四面金字塔形的顶端，还有一个无与伦比的属性，那就是永不磨损。

在当时最基本的钻石切工是"桌式切工"，即简单地将一个八面体的晶体尖端打磨成为方形的台面。有时也将对侧的尖端去掉，将之打磨成为一个小面即宝石的底面。限于当时的加工技术和抛光能力，这种"桌式切工"工艺在 16~17 世纪占有无可比拟

的主导地位。

早在 15 世纪，阿姆斯特丹和安特卫普的钻石打磨工匠就已经开始尝试更为复杂的切割方法，一种新型的切割方法在荷兰逐渐浮出水面。这种切割方式被称为"玫瑰切工"：钻石的冠部被切割成许多三角形的小面，同时亭部或底部仍然保持平面。尽管玫瑰式切工相比于其他更复杂的钻石切割方式而言显得有点黯淡无光，然而从 18 世纪到 19 世纪，这种切工方法风靡一时。这些钻石大都使用"筒夹镶嵌"（collet setting）的方式固定在封闭的银质结构上，组成这一时期样式丰富、时尚精美的首饰：鹭羽饰品、细流形项链、多枝吊灯样式耳环以及群镶宝石的自然主义戒指。有时候人们在玫瑰式切工的钻石底面

托莱多的埃莱诺拉蒂（Eleonoradi Toledo），阿尼奥洛·布伦奇诺（Agnolo Bronzino）绘制，约 1545 年。画中人物是美第奇科西莫一世（Cosimo I de Medici）的妻子，她佩戴着一串珍珠项链，项链的底部悬挂着一颗桌式切工的大钻石和异形珍珠。

豪华的竖琴形胸针，镶嵌玫瑰切工（rose-cut）和老矿切工（old-mine cut）的钻石，约 1800 年。S.J. 菲利普斯公司

贴上银色锡箔，以增加钻石的闪耀光泽。

到18世纪中叶，人们开始享受财富增加带来的好处。社会的繁荣使得贵族和迅速成长的中产阶级热衷于打扮、在舞会或影院约会，以及在豪华的新房子里和乡村庄园中举办宴会。这样他们可以展示从伦敦和巴黎带来的装饰有头冠、胸针、枝状耳坠的时尚礼服。这些首饰上的宝石都采用明亮切工，而抛光方式有史以来第一次展示出钻石的魅力。现代的明亮切工由57~58个完美比例的刻面组成，但是古典的明亮切工经常是不成比例的垫形。然而，乔治王时期（Georgian）的古董刻面钻石胸针独具吸引力，在光泽和价值方面都胜过任何一颗"刻面时代"的宝石。

19世纪70年代，南非钻石矿的发现，尤其是非洲西南部金伯利矿（Kimberley）的发现，使数十万克拉的钻石进入英国和西欧诸国。国家经济的繁荣使人们拥有足够的可支配收入来购买珠宝，英国多数重要的城市和乡村都会有几家珠宝商迎合公众的这种消费需求。19世纪90年代，钻石首饰的价格完全适中，简单群镶的胸针，新月形、星形、线形手镯和半圈镶嵌的戒指等首饰一般都低于100英镑，有时甚至更低。金银匠公司销售的钻石皇冠和项链价格刚刚超过1000英镑。这一时期的首饰非常容易买到，钻石样式相当丰富，价格便宜，假如打算在19世纪末期的伦敦购买一条带有渐变钻石的细流形项链，销售商们可以提供至少23种不同的样式。

大规模的生产使得钻石切割工艺得到快速发展。20世纪初，铂金材料的引入彻底改变了珠宝设计，使得钻石镶嵌走向小型化。宝石切割工匠们尝试了各种不同切工的样式，如梯方形、祖母绿形、橄榄形、椭圆形等，明亮式切工逐渐演变成我们现在所熟知的、比例完美对称、闪耀着独特金刚光泽的圆钻样式。

刚玉

刚玉是一种铝的氧化物。它有两个不同

多枝吊灯式的耳坠，镶嵌有老矿明亮切工钻石和印度古典水滴钻石，约1850年。威力士拍卖行

的品种——红宝石和蓝宝石。从粉红色到深红色的宝石称为红宝石，除此之外其他所有颜色谱系都称为蓝宝石。

红宝石

一颗顶级的红宝石价格与昂贵的钻石不相上下，而一颗颜色不好、带有大量缺陷且透明度不高的红宝石每克拉价格只有 25 英镑。

红宝石在文艺复兴时期被认知并获得认可，颜色鲜艳的红宝石样品沿着东方的贸易路线传入西欧后，它们就和钻石、珍珠一样被制作成华丽的胸针等饰品。大多数最有名的红宝石都来自缅甸，最上等的缅甸红宝石称为"鸽血红"，红宝石典型的深红色来自富集的铬元素，这样的红宝石重量很少超过 4 克拉。红宝石的其他来源包括：斯里兰卡，主要出产浅色红宝石；泰国曼谷，出产因铁元素富集而呈现出紫红色或者褐色的红宝石；其他产地还有阿富汗和越南。

18~19 世纪，红宝石在珠宝行业中是一种非常重要的宝石品种，这意味着红宝石有多种用途，可以单独镶嵌在精心雕刻的金属镶石座上，或者成条、成片地与钻石、半圆珍珠镶嵌在一起形成对比。在 19 世纪晚期的社会化大生产中，红宝石依然与钻石一起镶嵌在新月形、花卉形、铰链式的黄金手

维多利亚时期晚期戒指，戒面为缅甸红宝石，用钻石群镶。维普古董首饰

016

珍珠项链后端的精致搭扣，镶嵌缅甸红宝石和钻石，约 1900 年。

镯以及新式的群镶戒指上。尽管这些红宝石大多被切割成垫形，品质也良莠不齐，但如今高品质的"老矿"缅甸红宝石非常值得收藏。随着切割技术的进步，切割成方形（长条形）、梯方形、三角形等各种有趣样式的红宝石也开始出现。轨道镶的线形手链是20世纪20~30年代非常流行的设计，这种方法可以使方形的红宝石相互紧挨着镶到黄金或者铂金的镶石座上。

法贝热（Fabergé）使用的红宝石产自俄罗斯，与法贝热生产的功能性装饰品非常匹配，很受行家的追捧。这些应铃[1]、相框、黄金胸针和香烟盒上面都镶嵌了弧面切割的红宝石。弧面切割也是展示六射星光效果的唯一方法。星光红蓝宝石在装饰艺术时期经常镶嵌在建筑学风格（architectural）的钻石饰品上，这种做法在美国尤其流行，星光蓝宝石比星光红宝石更常见，它们的销售情况取决于宝石的质量和大小。

蓝宝石

我们常常认为蓝宝石应该是蓝色的，其实它有很多鲜艳的颜色，其中一种称为"帕帕拉恰"（padparadscha）[2]的蓝宝石最为特别，它的稀有和贵重程度超过了很多名贵的蓝色蓝宝石。

最好的蓝宝石具有非常温暖、柔和的蓝色，开采于克什米尔地区。现在克什米尔蓝宝石矿开采已经告罄，所以这些古老的宝石以其稀有和独一无二的颜色及品质更为世人所珍视。缅甸蓝宝石同样稀有和昂贵，它的颜色是一种清晰略深的皇家蓝色。在维多利亚时期，许多优质的蓝宝石与红宝石一样来自缅甸。经典的胸针样式经常会设计成新月形状，上面镶上大小渐变的垫形缅甸蓝宝石，然后再镶一圈老矿切工的钻石作为对比。

斯里兰卡蓝宝石的价格略低于缅甸蓝宝石，颜色也稍淡一些，有时称作"矢车菊蓝"。

维多利亚时期晚期缅甸蓝宝石镶钻戒指。这种颜色很深的皇家蓝色宝石成为一种理想的钻石首饰，如半圈镶嵌的手镯、戒指，群镶的耳环以及闭合式的新月形胸针配石，并风靡一时。威力士拍卖行

1　桌面上召唤侍者的铃铛。——译者注
2　一种非常漂亮的橙红色蓝宝石，又称为"帕德玛"或"巴特巴拉德"。——译者注

斯里兰卡蓝宝石戒指，祖母绿切工，约 1925 年。 威力士拍卖行

蓝宝石镶钻戒指。这种大颗粒垫形切工的粉红色蓝宝石非常少见。

区分这种蓝宝石比较简单，它们内部都含有称为"丝绒"的针状包裹体，这种包裹体可以反射像彩虹一样的光线。在维多利亚时期的晚期，斯里兰卡蓝宝石经常用在流苏项链上，以及新艺术运动时期（Art Nouveau）的艺术首饰中，宝石的微妙颜色刚好符合这个时期的色调。这些蓝宝石经常是"自然切工"，它们既不对称也不时尚，只是展示出最好的色彩。仔细检查一颗斯里兰卡蓝宝石是非常必要的，因为有时它的侧面是完全无色的。

其他的蓝宝石来源包括泰国、澳大利亚，这些产地的蓝宝石颜色都很深，有的甚至呈现出黑色；另外还有美国的蒙大拿州，这里出产的亮蓝色蓝宝石经常被镶嵌在爱德华时期（Edwardian）的珍珠吊坠上。其他受人喜欢的颜色包括粉红色，这种颜色中有一种

品红色蓝宝石尤其受欢迎，另外还有紫红色、绿色、黄色和棕色蓝宝石。无色和"白色"蓝宝石经常被用在欧洲东部的首饰中，这些首饰搭配蓝色蓝宝石、黄水晶、锆石以及品质稍差一点的祖母绿，这样可以与无色的蓝宝石形成对比，它们价格适中，不会与价值昂贵的钻石混淆。

帕帕拉恰蓝宝石很难界定，在贸易中它们的颜色是浅桃红色或桃红色，便宜一点的宝石只是有一点桃红的色调。真正名贵的帕帕拉恰蓝宝石是一种明亮的橙粉色，一看到它就会终生难忘的那种。帕帕拉恰非常少见，价格每克拉 10000 美元也是有可能的。

罗马时期的金戒指中镶嵌的红宝石、蓝宝石都是不规则的，带有简单刻面的红蓝宝石会出现在 13 世纪之前的戒指和胸针上面。这些名贵稀有的首饰毋庸置疑地证

明它们的拥有者是一些主教、牧师、富商之类的名流。18 世纪时人们经常在蓝宝石的底部贴锡箔来增强宝石的颜色、提高宝石内部的光亮程度（其他有色的宝石亦是如此），后来随着宝石切割技术的进步以及新宝石矿藏的开发，这种技术被开放式底托的镶嵌方法所代替。

在 19 世纪，红蓝宝石是钻石完美的镶嵌搭档，大量镶嵌在花卉形的胸针、头冠、耳坠、半圈镶的戒指以及花卉纹群镶的戒指中，这种搭配在 19 世纪 80 年代以前即开始兴盛，后来蔚然成风。在装饰艺术时期的铂金和白色 K 金首饰中红蓝宝石是钻石的最佳对比宝石，一战后大量浅色的斯里兰卡蓝宝石镶嵌在宽手镯以及拥有巨大黄金花卉形装饰的胸针上，同时装饰一些具有特殊颜色的宝石，如绿松石、锆石以及红宝石等，以增强颜色的对比效果，这些宝石大都切割成长条形。

祖母绿

祖母绿镶嵌在首饰中是很常见的现象，尤其是在二战之后，然而有趣的是在古董首饰中却很少镶嵌高档的"老矿"祖母绿。

祖母绿是一种分布很广的绿柱石品种。到目前为止，品质最好的古董宝石祖母绿来自哥伦比亚的契沃尔矿（Chivor）和木佐矿（Muzo）。这种令人神往的"蓝绿色"来源于宝石内部的铬离子，哥伦比亚的祖母绿经常含有标志性的"三相包裹体"，即内部同时含有液态、气态和固态结晶的包裹体。其他的祖母绿来源还有俄罗斯（西伯利亚）、埃及（开采的历史可以追溯到克里奥佩特拉女王时期）、巴基斯坦、阿富汗和非洲等地。另外，津巴布韦的桑达瓦纳（Sandawana）矿出产的宝石颜色较深，粒度较小；而奥地利蒂罗尔（Tyrol）的哈巴奇塔尔（Habachtal）老矿出产的宝石净度很高，但缺陷是颜色略淡。很多 19 世纪末期文艺复兴复古风格的首饰中使用的那些半透明、颜色较差的祖母绿大都来于此。

优质、昂贵的祖母绿出自哥伦比亚和西伯利亚的老矿，普通的祖母绿会有很多裂纹、瑕疵，或多或少都会有一些缺陷。差一点的宝石经常抛磨成弧面，相对于刻面的切割方式来说，弧面更容易掩藏其内部的缺陷。如今在祖母绿的交易中买手都非常谨慎，因为市场上大量的宝石都是用浸油的方法改良过的，或者使用合成树脂以及其他人工材料来改善其颜色并掩盖其内部缺陷。这种人工处理宝石的情况太普遍以至于商店和拍卖行都出台免责声明以避免法律争端。在拍卖行出售的贵重宝石通常都会附带有一个证书来证明它是天然、完美，并且没有经过颜色处理的宝石，除此之外证书还会标出产地和来源。

祖母绿首先被古埃及人所珍视，后来成为西班牙人钟爱的宝石，16 世纪西班牙人将哥伦比亚祖母绿带入印度。这个时期的首饰开始趋向宗教性的设计样式，如十字架、念珠、王冠和法衣装饰，这些首饰都镶嵌着大颗粒的祖母绿，宝石采用桌式切割并且底部贴箔以增强其颜色效果。17~18 世纪莫卧儿帝国的皇帝们非常钟爱源自古印度的祖母绿，经常将鹅卵石一样大的祖母绿装饰在臂环、贴颈链以及头巾等饰品上。有时这些宝石还雕刻有复杂的书法和花卉图案，2001 年 9 月，一颗完美的 217 克拉的祖母绿雕刻品在拍卖会上的落槌价为 140 万英镑。

18~19 世纪的欧洲贵族非常喜欢祖母绿和钻石首饰，包括项链、耳环、胸针以及头

冠的全套首饰上都镶嵌着来自印度和哥伦比亚的豪华祖母绿，这些宝石被镶嵌在黄金和钻石组合的饰品上或者银质蝴蝶结、花卉以及花束形的坠饰上。在 19 世纪早期，精致的细金丝工艺（cannetille）饰品上也经常镶嵌底部贴箔的祖母绿，这个时期的宝石也经常镶嵌在挂锁形、心形以及蛇形的情感首饰中。19 世纪时由于东方君主的占有，来自哥伦比亚的祖母绿一度缺乏，当然维多利亚时期的祖母绿首饰非常充足，直到 20 世纪，对这种宝石的喜爱又再次明显复兴。那些质量稍差并且带有瑕疵的祖母绿（更接近绿柱

维多利亚时期的半套装首饰，镶嵌哥伦比亚祖母绿和钻石，约 1885 年。项链的背面是可以拆卸的，能够变成一个豪华的头冠。

石），因为具有温和、微妙的颜色，在工艺美术运动时期（Arts and Crafts）的首饰中非常流行。20世纪的20~30年代，优质的祖母绿被切割成长方形与梯方形的钻石一起镶嵌在铂金上，制成线形的手链、建筑学风格的吊坠、双别针的胸针、耳环或者经久流行的三石戒指。

名贵黑欧泊

欧泊是硬化的凝胶状二氧化硅和20%的水等材料的非晶体混合物。那种可以在深灰或蓝色的背景中呈现许多不同彩虹颜色的

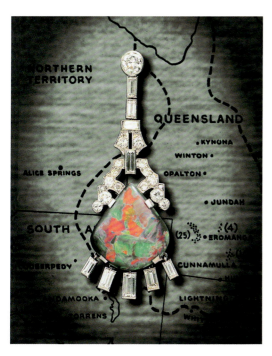

装饰艺术时期的吊坠，镶嵌闪电岭黑欧泊和钻石，约1930年。地图暗示了黑欧泊的产地昆士兰闪电岭（Lightning Ridge in Queensland）。汉考克斯公司

称为斑彩黑欧泊，带有独特"变彩效应"的欧泊称为"星火"欧泊。

绝大多数的欧泊产自澳大利亚昆士兰州的闪电岭（Lightning Ridge），这个条件艰苦、极度荒凉的地方却布满了手工打造的地下坑道，曲折如迷宫一般，19世纪末之前居然在这里发现了黑欧泊。欧泊可以雕刻成蝴蝶翅膀之类的具象造型，也可以制作成帆船之类的象征造型，所以在工艺美术运动时期，欧泊作为一种独特的彩色宝石得到广泛应用。

欧泊在爱德华时期和美好时代的铂金和钻石首饰中非常流行，经常切割成椭圆板形或者弧面形，在周围镶嵌明亮切工的钻石，有时候为突出颜色对比，欧泊也与红宝石、祖母绿或者翠榴石等宝石组合镶嵌。黑欧泊现在价格异常昂贵，在现代欧洲珠宝首饰生产中也很难见到标本级别的宝石样品。令人困惑的是，那些只有蓝色和绿色星火的黑欧泊的价格相比之下显得相对低廉。无论什么颜色，你都应该注意要购买的欧泊是否有碎片、裂纹，是否破裂。

翡翠

和黑欧泊一样，20世纪之前缅甸开采然后在中国雕刻的玉石，即使是顶级翡翠都很少用在欧洲珠宝首饰中。在中国，玉石雕刻作为护身符或者吊坠已经有3000年的历史

中国翡翠吊坠，带有粉色碧玺和珍珠装饰。约1910年。

了。[1] 玉石的颜色丰富，从白色到黑色，以及黄色、棕色和淡紫色，但只有那种具有祖母绿的色调、玻璃透明度的翡翠才称为"帝王翡翠"。玉石象征着永恒和长寿，经常雕刻成蝙蝠、猴子、龙等一系列造型象征好运，桃子和牡丹代表幸福美满，而石榴代表子孙满堂。

西方几乎不懂得欣赏玉石的巧妙和潜在价值，不理解为什么国际大拍卖行在远东地区销售那些镶嵌弧面玉石的戒指、雕花耳饰、圆形手镯尤其是珠串的时候可以轻松赚到数十万甚

至百万美元的利润。尽管如此，你可以在拍卖会上或者家门口的零售商那里以合理的价格买到一块普通的玉石，只不过没有那么古老，在颜色、净度和质量方面也良莠不齐。

亚历山大石（变石）

1830 年在俄罗斯的乌拉尔地区发现了这种宝石，随后这种奇特的宝石被沙皇亚历山大二世光荣地命名为"亚历山大石"。它是金绿宝石的一个品种，在不同的光线下可以变色，这一特殊属性使它非常受欢迎，同时价格也随之上涨。优质的老矿亚历山大石可以在自然光线下呈现出蓝绿色，在人工光源下可以呈现出紫红色，经常可以在 19 世纪产自俄罗斯的吊坠和胸针上找到小颗粒垫形切割的亚历山大石。超过 5 克拉的亚历山大石是非常罕见的，但偶尔会在美好时代的钻饰中发现它们的踪迹。斯里兰卡出产的亚历山大石在颜色变化方面不是很明显，最近巴西出产的优质亚历山大石已经出现在市场上，但是其市场接受程度不如俄罗斯出产的亚历山大石高。从 20 世纪 50 年代开始，有一种能够从紫红色变色为红色的合成刚玉，也被称为"亚历山大石"，但是一文不值，所以对那些自称为"亚历山大石"的廉价宝石一定要小心认真对待。

1　　其实更久。——译者注

亚历山大石的变色效果：在自然光源下呈现出蓝绿色调，在人工光源下呈现出紫红色调。

半宝石

紫水晶

紫水晶是透明水晶的一个品种，颜色从淡紫色到深紫色的都有。紫水晶非常独特，适应面广，古罗马人和希腊人经常将其制作成凹纹雕刻的印章，也时常作为教会钟爱的宝石品种镶嵌到主教戒指或者胸前的十字架上。最好的紫水晶源自西伯利亚，而 19 世纪珠宝首饰中使用的大量紫水晶来自巴西和乌拉圭。紫水晶镶嵌在黄金上面效果非常好，而且经常搭配半圆珍珠、钻石和珐琅。苏格兰"卵石首饰"（pebble jewellery）就包含有切割成蓟草形的紫水晶，维多利亚时期晚期流苏项链非常流行，经常将紫水晶与海蓝宝石、橄榄石等对比性很强的宝石镶嵌在一起，呈现出渐变排列的效果。20 世纪 40~50 年代切割成方形的紫水晶与绿松石、柠檬晶等不常见的宝石组合起来大量应用在胸针和手镯上。

不常见的紫水晶雕件吊坠，镶嵌钻石，约 1900 年。威力士拍卖行

镶嵌西伯利亚紫水晶的黄金胸针，19 世纪中期。俄罗斯的紫水晶能够呈现出令人满意的"帝王"紫色。

海蓝宝石

海蓝宝石是一种浅蓝色的绿柱石，这种宝石微妙的浅蓝色是 19 世纪珠宝首饰的理想材料，应用在精致的细金丝工艺饰品及花卉形套装首饰中，展现出柔美秀丽的风格。这些早期的海蓝宝石大都在底部贴箔以增强它们的颜色和提高亮度。20 世纪后，人们发现可以使用加热的方式将它的蓝色加深，在装饰艺术时期切割成粗犷的长方形海蓝宝石大量应用在建筑学风格的钻石、铂金首饰中，这个做法一直持续到 20 世纪 50 年代，这一时期的珠宝也经常呈现出复古风格的镶嵌样式。

尽管海蓝宝石分布很广，但是最优质的只产自巴西，而且那里曾经发现过大块的晶体。海蓝宝石非常容易与蓝色的托帕石、合成蓝色尖晶石混淆，所以晚于 20 世纪 50 年代的产品建议到权威部门做一下检测。

金绿宝石

金绿宝石是一种容易让人困惑的宝石，它包括三种外观和价值方面貌似完全不相关的宝石：亚历山大石（在本章"名贵宝石"中已介绍）、金绿宝石、猫眼。

金绿宝石

19 世纪中叶，大颗粒浅黄绿色的宝石已经应用在黄金吊坠和胸针上面，而在 18 世纪和 19 世纪早期，小颗粒群镶宝石在英国首饰和欧洲大陆首饰中应用更加广泛，这就是众所周知的"贵橄榄石"。在 19 世纪 70 年代的西班牙和葡萄牙，群镶成圈的贵橄榄石和硕大的梭形戒指以及长结形耳坠等饰品

美好时代的铂金吊坠，镶嵌海蓝宝石和钻石，约 1910 年。这颗海蓝宝石的颜色非常吸引人。威力士拍卖行

复古风格的金绿宝石吊坠，镶嵌黄金、珐琅，约 1875 年。威力士拍卖行

022

环绕镶嵌一圈钻石的猫眼戒指，约 1900 年。

带有蓟草形装饰的苏格兰式胸针，用紫水晶、黄水晶和银制作，约 1870 年。苏格兰黄水晶经常称为"烟晶"（cairngorms）。布瑞恩和雷尼·赫莫斯

一样都表现出一种复古风格。受到汉斯·荷尔拜因（Hans Holbein）绘画的影响，人们把这些宝石镶嵌在新文艺复兴风格（Neo-Renaissance）的珐琅饰品、弧面石榴石项链以及吊坠上。

猫眼

猫眼在历史上称为"波光玉"（cymophane），经常打磨成弧面形来展示它独特的猫眼效应——从宝石内部反射出的一条窄而亮的光带。最好的猫眼来自斯里兰卡和印度，这两个地区的猫眼有黄绿色或者橄榄色的光带，传说它们可以抵御邪恶之眼，因此获得高度评价。猫眼不能混同于廉价、粗糙的水晶猫眼。

柠檬晶（黄水晶）

柠檬晶是一种石英晶体，颜色从浅柠檬色、橘色到棕色。柠檬晶产量丰富、价格适中，19~20 世纪大量应用于珠宝首饰和各种装饰

中，这种石头经常容易与托帕石相混淆，但是柠檬晶没有托帕石明亮，另外在放大镜下柠檬晶会看到不同的色块。柠檬晶广泛用在金银项链、手链等饰品上而且非常流行，在维多利亚时期的苏格兰珠宝首饰中被称作"烟晶宝石"（Cairngorm）。维多利亚早期案台印章的把手经常由刻面柠檬晶制成，在今天这种印章非常受追捧。需要留心的是，一定要确定买到的是柠檬晶而不是铅玻璃。柠檬晶和紫水晶一样在 20 世纪 40~50 年代非常流行，这些硕大的黄色、金黄色和棕色宝石经常作为对比镶嵌在各种建筑学风格的首饰中。

烟晶

烟晶是一种常见的暗褐色透明水晶，大量用在苏格兰首饰和 19 世纪晚期的廉价银质项链、胸针和手镯上。烟晶也经常用来制作其他装饰品，如印章的把手、香水瓶和鼻烟盒等。

023

石榴石

石榴石首饰曾经产量非常丰富，价格也适中，但优质的古董石榴石饰品身价却在历次的评估中被不断刷新。

石榴石有几种不同的颜色，到目前为止红色是最常见的。在古董首饰中有两种不同的红色品种。

镁铝榴石

18~19 世纪，红色的石榴石得到广泛的应用。乔治王时期的镁铝榴石一般是平面切工和椭圆形切工，在镶嵌时底部贴上锡箔以增强其外观效果。乔治王时期常见的造型有：带有头发收纳盒并使用半圆珍珠作为装饰的垫形胸针、花束胸针以及大小渐变的细流形项链，这种项链有时会挂一个可以变成胸针的马耳他十字架（Maltese cross）吊坠。

19 世纪，镁铝榴石在维多利亚时期中期的伟大时代得到广泛应用，成为展示奢侈效果的理想宝石。当时流行的石榴石切工有弧面切工以及可以让宝石"变亮"的空心凸面切工。弧面的石榴石经常被称为"红玉石"（carbuncles）。19 世纪晚期，在德国的珠宝首饰中，多切面的镁铝榴石经常成圈地镶嵌在一起。波西米亚风格的石榴石饰品经常使用低 K 金或镀金材料镶嵌，从价廉物美的胸针到精细的水滴形项链等，有数百种不同的设计方案。

铁铝榴石

深红色或者紫红色石榴石，19 世纪被广泛应用于"红玉石"珠宝首饰中。例如，在法国新文艺复兴风格饰品中使用珐琅、黄金材料制作的"霍尔拜因式"（Holbeinesque）吊坠和项链就经常使用石榴石和贵橄榄石作为组合。

钙铝榴石

一种深橘红色的石榴石。钙铝榴石镶嵌在 19 世纪的耳坠、吊坠和流苏项链中，称为"红锆石"（jacinths）。它们最明显的特征是内部有糖状的包裹体。

19 世纪晚期波西米亚风格的石榴石首饰。饰品非常形象生动，在 19 世纪 80~90 年代，这种深红色的镁铝榴石在中欧是很常见的。这种饰品同样也使用了低 K 金或者其他镀金材料。格雷斯 RBR 集团和帕特·诺维西西莫

保存在原装盒子中的石榴石珍珠首饰套装，约1825年。

镶嵌翠榴石和钻石的蝴蝶胸针，约1890年。本特利和斯金纳公司

翠榴石

到目前为止，翠榴石是石榴石家族中最有价值的代表。翠榴石具有美丽的叶绿色，乌拉尔山脉发现了多种钙铁榴石，这些宝石大都应用在19世纪具象的首饰中，如蝴蝶形、蜥蜴形的胸针。翠榴石经常和钻石、欧泊、半圆珍珠或者白色珐琅一起使用。3~4克拉的翠榴石非常稀有，每克拉价格大概数千美元。"马尾"形的发状石棉包裹体是翠榴石的主要鉴定特征。

月光石

月光石是一种长石，它的得名来自长石的晕彩效应，宝石能够发出梦幻般的蓝白晕彩光。这种宝石来自斯里兰卡和印度，起初很少用在珠宝首饰中。直到19世纪末，人们发现这种具有微妙、低调特性的宝石是表现自然主义风格的理想材料，于是将它用于金银材质的胸针、吊坠和项链中。为了展示月光石的独特光晕，工匠们一般将其切割成弧面型，但是如果将其雕刻成具象的形象，如埃及法老或者"月中人"的头像，它的身价就会倍增，假如这种首饰再镶嵌钻石作为陪衬的话会更有收藏价值。

镶嵌月光石的双心胸针。这是一件维多利亚时期饰品的高仿品。威力士拍卖行

由四颗钻石环绕镶嵌的白欧泊戒指，世纪之交（19~20世纪）的作品。维普古董首饰

欧泊（蛋白石）

白欧泊

19世纪，人们发现白欧泊是一种功能强大的宝石，于是将它们像钻石一样大量应用在环绕式群镶戒指、流苏项链和新月形胸针等珠宝首饰中。优质的白欧泊会有绚烂的红、绿、蓝色变彩，差一些的几乎是纯白色，而且只有很少的闪光。白欧泊经常与红宝石、珐琅和翠榴石一起镶嵌在蝴蝶等自然主题的设计中。维多利亚时期中期，有柔和变彩效应的欧泊经常镶嵌在带有涡卷花纹的黄金胸针和装饰着蓝色珐琅的项链上。

墨西哥火欧泊

这种生动的宝石曾经应用在新艺术运动和装饰艺术时期的钻石首饰中。火欧泊经常缺少变彩效应，但是具有半透明、深橘色到红色的独特色彩。

20世纪50年代后，两层或者三层的欧泊拼合石经常应用在珠宝首饰生产中，偶尔还用在工艺美术运动时期的银质首饰中。"三明治拼合石"经常隐藏在镶嵌饰品中，这种欧泊由两层或者三层其他材料组合而成，要注意观察宝石的外观，确保你购买的漂亮欧泊不是拼合石。

橄榄石

橄榄石因其颜色是黄绿色而得名，非常容易与贵橄榄石、黄绿色的金绿宝石相混淆。最好的橄榄石呈现的是一种深黄绿色，这种宝石源自红海的圣约翰岛（St John）。自罗马时期开始橄榄石就镶嵌在首饰上，现在市场上镶嵌橄榄石的首饰大都是维多利亚时期前后的产品。用橄榄石制作的小印章在18世纪经常出现。19世纪40年代，橄榄石经常镶嵌在精细的黄金花丝结构上，制作成头冠、项链、成对的手镯以及长耳坠等饰品，这些饰品可以一起组成首饰套装。19世纪，橄榄石与半圆珍珠常一起用在9K或15K的黄金镂空吊坠、长条胸针以及流苏项链中。橄榄石在放大镜下有"后刻面棱重影"的特征。现在市场上的橄榄石颜色都很浅，一点也不生动。

无色水晶

无色水晶很早就用作装饰材料，经常制成花瓶、水罐以及首饰盒等奢侈器物，后来延伸至小型首饰和装饰品。水晶经常打磨成

025

弧面形，或者制作成吊坠盒的后盖，有时在背面雕刻纹饰，然后再绘制自然主题的绘画，如昆虫、鸟类以及宠物等。这种"背雕"式的水晶吊坠或者胸针是非常值得收藏的。其他维多利亚时期的水晶首饰还有很多，包括镶嵌弧面水晶并装饰有钻石和红宝石"苍蝇"的黄金流苏项链、使用贴箔的粉红色水晶仿制托帕石效果的项链以及把真的蝴蝶翅膀夹在水晶片中制成的蝴蝶胸针等。

水晶广泛应用在美好时代和装饰艺术时期的珠宝首饰中，切割成建筑学风格的水晶与蓝宝石、红宝石等材料一起镶嵌，如果搭配珊瑚和缟玛瑙效果会更好。法贝热非常喜欢水晶，在 20 世纪 50~60 年代制作了一系列应铃、花瓶以及相框等饰品。澳大利亚经常用磨砂水晶镶嵌成各种花卉形的胸针，这样可以在花瓣上点染出各种漂亮的颜色。

尖晶石

尖晶石在西欧的珠宝首饰中并不常见。相反，在印度却得到大量应用，而且价格很昂贵，在莫卧儿帝国时期尖晶石经常用来镶

026

维多利亚时期的"背雕"式水晶吊坠，在反面雕刻并绘制了一只河边的鹭鸟，约 1870 年。

镶嵌尖晶石和米粒珠的耳
坠，印度，1800~1850 年。

吊坠，镶嵌有"帝王"托帕石和钻石，
约 1915 年。S.J. 菲利普斯公司

十字形吊坠，镶嵌粉
色托帕石、贵橄榄石、橄
榄石和钻石，约 1830 年。
本特利和斯金纳公司

嵌豪华的项链、手链和耳坠。

17~18 世纪，来自印度的尖晶石非常
少见而且价格昂贵，这些石头经常切割成不
规则的、像水滴一样的卵圆形，或者切割成
平面形状与珍珠、珐琅以及背面为平面的钻
石一起镶嵌在黄金上。尖晶石独特的亮红色
经常被混淆为红宝石，那颗镶嵌在帝国王冠
上的"黑太子红宝石"（Black Prince's
Ruby）事实上是一颗尖晶石。早期的尖
晶石被称为"巴拉斯红宝石"（Balas
rubies）。18~19 世纪欧洲镶嵌的桃红色
尖晶石大多来自缅甸和斯里兰卡，蓝紫色和
几乎无色的尖晶石在古董首饰中也能见到。

人工合成的蓝色尖晶石酷似海蓝宝石，
一般颜色都略深一些，大都应用在 20 世纪
50 年代后的欧洲大陆珠宝中，这样的宝石需
要加以鉴别。

托帕石（黄玉）

托帕石是一种非常漂亮的透明宝石，有
三种最受人喜欢的颜色：棕黄色、粉色和蓝色。
最珍贵的"帝王"托帕石能够呈现出独特的
雪莉酒颜色。在 18 世纪和稍晚一些时期，这
种宝石应用在黄金和钻石首饰中，宝石背面
经常贴箔以增强闪光的效果。最好的托帕石
源自巴西，今天这些宝石的价格已经相当高
了。19 世纪早期，雪莉色的托帕石有时镶嵌
在渐变的细流形项链或者精致的细金丝工艺
的项链、手镯、耳坠等套装首饰中。粉红色
的托帕石经常镶嵌在相似的款式中，有时会
制作成十字形吊坠悬挂在项链上。粉红色的
托帕石在 19 世纪经常镶嵌在代表情感的首饰
中，制作成桃心形、挂锁形等形状，其粉红
色调与半圆珍珠成为绝配。

托帕石的颜色有"油润"、光滑的特点，
与柠檬晶和锆石的颜色完全不同。19 世纪，

很多柠檬晶被错误地称为"柠檬托帕石"，这类情况在苏格兰尤为常见。如今，蓝色托帕石在黄金和白银首饰中已成为一种常见并广泛应用的宝石，市场上大多数蓝色托帕石都经过热处理。

碧玺（电气石）

碧玺是一种多色宝石，其中比较有名的是深绿色和桃红色碧玺。和许多半宝石一样，碧玺搭配半圆珍珠在19世纪末的工艺美术运动中大为盛行，大量应用在黄金吊坠、项链和自然主题的胸针上，此外，也广泛用于20世纪40~50年代的黄金胸针和手链上。粉红色的碧玺称为"红电气石"（Rubellite），经常用在中国玉雕中，一般雕刻成香水瓶、吊坠等造型悬挂在珠串上。需要注意的是，

不要将廉价的粉色水晶与碧玺相混淆。在碧玺的种类中，"西瓜碧玺"是一种兼有红色和绿色的碧玺，而蓝色碧玺非常罕见。

绿松石

绿松石具有不透明的蜡状光泽和独有的天蓝色调，在18世纪之前已经成为一种知名的宝石，上好的绿松石来源于波斯和埃及。19世纪，切割成弧面形的绿松石广泛应用在胸针、吊坠、手链和戒指等情感首饰中，寓意为"勿忘我"，有时搭配半圆珍珠、红宝石等装饰性很强的宝石一同镶嵌在多色的黄金上面。维多利亚时期早期绿松石在首饰中应用非常广泛，现在很多宝石已经严重褪色并需要调换。维多利亚时期中期，绿松石被一个一个紧挨着群镶在背面带有盒子的胸针

黄金胸针，镶嵌绿色、粉色碧玺、半圆珍珠，约1895年。这种颜色组合经常与"妇女参政运动"（Suffragette movement）相关联。约翰·约瑟夫古董珠宝

鹰形绿松石胸针，阿尔伯特亲王为维多利亚女王的伴娘设计的饰品。沃尔塔斯基首饰公司

和耳坠上，并且下面坠有流苏状的装饰。在19世纪70年代，流行将绿松石镶嵌在椭圆形的黄金盒子上，这些绿松石被切割成金字塔的形状并搭配玫瑰切工的钻石和半圆珍珠呈几何形排列在盒子的表面。

在所有宝石中，绿松石是与工艺美术运动时期关联最密切的宝石，包括 C.R. 阿什比（C.R. Ashbee）等在手工艺行会（Guild of Handicraft）和阿奇博尔德·诺克斯利伯蒂公司（Archibald Knox for Liberty & Co）的设计师，生产了许多简洁的镶有绿松石或者附带有绿松石围岩（带有褐铁矿等母岩的绿松石）的金银吊坠、项链。事实上，莫如尔·本内特的盎格鲁-德国公司（Anglo-German firm of Murrle Bennett & Co）在19世纪末已经成为绿松石黄金首饰的代名词。今天，带有围岩的绿松石经常被打磨成卵石一样的不规则形状镶嵌在纳瓦霍印第安（Navajo Indian）和新墨西哥人（New Mexican）的银首饰上。

锆石

19世纪末，锆石是朱利亚诺等复古风格首饰工匠使用的另一种有趣的宝石，广泛应用在20世纪20年代后装饰艺术时期的建筑学风格首饰中，在戒指中表现最为明显。在19世纪的印度首饰中，无色的锆石被称为"jargons"（产自斯里兰卡的浅色或无色锆石），镶嵌在银饰、头巾饰品以及胸针上。

现在市场上很多锆石都经过热处理，这些处理过的石头有时会恢复成原来的颜色，如从蓝色变成棕色。

锆石一般呈现出棕绿色、橘黄色、蓝色或者无色。二战后，锆石应用广泛，被用于生产大量大型的立体胸针、手镯，这些饰品大都混合镶嵌了从橘黄到棕色几种不同颜色的锆石。而来自斯里兰卡的蓝色锆石经常镶嵌成渐变的线形，应用在白色低 K 金饰品或者银饰中。

锆石具有天然的火彩和闪光，有时无色锆石甚至会被当作钻石出售。在10倍放大镜下能够观察到锆石强烈的底面双折射特

镶嵌罕见蓝色锆石的吊坠，整体呈现建筑学风格并装饰有钻石，约1925年。

摄政时期镶嵌板形玛瑙的手链，约 1800 年。

征，这是钻石没有的特性，另外锆石表面会有磨损和裂片。

装饰宝石

玉髓

对我们来说，很多珠宝首饰中的玉石都是非常熟悉的，浮雕、凹雕、苏格兰卵石首饰以及古代印章的底座等，这些都是不同颜色、不同种类的玉髓。真正的玉髓颜色是灰白色，曾经作为背板应用在维多利亚式的胸针上，这种自然的色调正好能够将绿松石制作的花朵或者黄金制成的"勿忘我"衬托在前面。白色玉髓经常被打磨成水滴状镶嵌在加长的吊坠、耳坠上以突出视觉效果，或者切割成三角片状，与绿松石、红宝石以及金属花丝工艺的各种装饰搭配成马耳他十字架形饰品。其他常见的玉髓品种如下。

玛瑙

这种玉髓内部有各种粗犷、弯曲的条纹，人们经常用染色的方法强化其色彩对比。玛瑙广泛地应用在装饰雕件和珠宝首饰中，不同颜色的玛瑙也有不同的名称。

血玉髓

血玉髓是一种带有亮红色铁氧化物斑点的暗绿色玉髓，之前被称为"血石"（heliotrope），红色的斑点代表基督的血。血玉髓经常做成案台印章、维多利亚时期的小印章以及绅士佩戴的印章戒指。

绿玉髓

绿玉髓是一种均匀的苹果绿色玉髓。曾

狗形印章，使用黄金制作，镶嵌血玉髓底座。红色的斑点在历史上被认为是圣血。麦克·朗茂

经用在 18 世纪的黄金套装、皮奇比克合金（pinchbeck）以及工艺美术运动、新艺术运动时期的珠宝首饰中，它独特的色泽是自然造型风格黄金饰品的完美搭配。

红玉髓

红玉髓一般在视觉上呈现出比较均一的褐红色或者橘红色，但在光下看呈条带状。红玉髓大量被用在凹雕、小印章以及摄政时期的项链中，将红玉髓打磨成片状并使用"罗马"式印章镶嵌的方法[1]固定到项链上。

碧玉

碧玉是一种带有褐色斑点的玉髓，应用

在苏格兰卵石首饰中，经常被染成蓝色以仿制青金石，被称作"瑞士青金石"（Swiss Lapis）。

藓纹玛瑙

藓纹玛瑙是一种非常有特色的玉髓，它的内部有褐色或绿色的蕨类图案，非常生动。在 18 世纪时经常制作成项链、成对的手镯以及鼻烟盒。

缟玛瑙

黑白相间的缟玛瑙是制作雕件和珠串的理想材料。缟玛瑙广泛应用在维多利亚时期的悼念珠宝中，它可以作为煤玉的背景玉石，

030

绿玉髓、红宝石和钻石镶嵌的心形胸针，约 1895 年。具有微妙柔和色调的玉髓在 19 世纪 30 年代细金丝工艺首饰中非常流行，硕大的椭圆形宝石经常镶嵌在这种精致的饰品上。约翰·约瑟夫古董珠宝

维多利亚时期带有浮雕花纹的黄金印章，镶嵌了典型的红玉髓印章石。维普古董首饰

伊特拉斯坎（Etruscan）复古风格耳坠，镶嵌条纹玛瑙，约 1865 年。布瑞恩和雷尼·赫莫斯

1　一种包镶的镶嵌方式。——译者注

能够在边缘处展示出对比强烈的白边。

缠丝玛瑙

棕色和白色相间的玛瑙，广泛应用在维多利亚时期的雕刻中。

萤石

最有名的一种萤石称为"蓝约翰"（Bluejohn），有时称作德贝郡晶石（Derbyshire Spar）。这种从紫色到淡棕色色调的材料在德贝郡（Derbyshire）的卡斯尔顿（Castleton）地区是非常独特的，主要制作装饰性的雕刻，如花瓶、碗以及小型的首饰。

拉长石

拉长石是一种灰蓝色的长石，具有彩虹一样的晕彩，19世纪时经常制作成各种装饰品和浮雕雕件。

青金石

青金石是一种深蓝色含有黄铁矿的宝石材料，从古代开始青金石就作为装饰玉石使用。青金石质量参差不齐，最好的青金石呈现出一种均匀的皇家蓝色，大都来自阿富汗和俄罗斯，差一点的青金石经常含有白色方解石，产于智利和美国。在维多利亚时期，打磨成珠形、弧面形，或者圆锥状的水滴形青金石经常镶嵌在流苏项链中。早期的青金

圆形建筑学风格的耳环，底部坠有青金石，约1870年。

维多利亚时期使用孔雀石和黄金制作的案台印章，带有原装盒子，约1840年。

石经常制作成浮雕雕件，埃及和罗马的青金石凹雕和印章石一样出名。

在装饰艺术时期的首饰中，切割成几何形的青金石镶嵌在胸针、手镯以及卡地亚公司（Cartier）及其同行们钟爱的壁炉钟上。

孔雀石

孔雀石是一种独特的、带有大理石花纹或条纹的绿色宝石，可以制成各种装饰品，如烛台、桌面摆件等。最好的孔雀石来自俄罗斯，另外扎伊尔和南非也有矿藏。孔雀石首饰的代表有19世纪早期刻有经典头像和人物组合的浮雕雕件以及苏格兰银首饰。在苏格兰银饰中有镶嵌圆形孔雀石片的胸针、带有常春藤叶子形雕刻的项链以及片状孔雀石镶嵌的节状手链等样式。现代孔雀石大都制作成时尚的动物雕像或者加工成大小渐变的珠形项链。

031

带有软玉盖子的黄金香烟盒。"菠菜绿"的玉石颜色较暗，与名贵的玉石相比不是很贵重，大量用来制作配饰和工艺品，如袖扣、印章和桌面陈设等。麦克·朗茂

工艺美术运动时期的吊坠，镶嵌了弧面芙蓉石，底部贴有粉红色箔片的月光石以及珠母贝。芙蓉石柔和、低调的粉红色使这件首饰成为一件理想的艺术首饰。格雷斯RBR集团

两排天然珍珠制成的项链，扣件上镶有祖母绿和钻石。约1920年。威力士拍卖行

软玉

软玉是一种深"菠菜绿"色的装饰用玉，法贝热特别钟爱这种材料，经常制作成应铃、香烟盒以及袖扣等小装饰。这种材料来自西伯利亚，而现代大多数软玉来自新西兰。软玉经常制作成简单且物美价廉的纪念品首饰，如桃心形吊坠、胸针等，这些饰品上都有代表"民族象征"的黄金蕨叶纹装饰，另外还有称为"提基"（Tikis）的护身符吊坠，以及带有简单扣件的珠串项链。

芙蓉石

芙蓉石是一种内部呈云雾状的粉红色水晶，经常用在珠宝饰品中，在19世纪晚期之前尤为常见。常见的类型有：动物雕刻、大小渐变的珠链以及镶嵌大颗弧面芙蓉石的银质首饰。

有机宝石

珍珠

珍珠是除钻石之外一种最重要的宝石，它是纯粹的天然有机宝石。珍珠有各种形状和颜色，经常代表身份、权力和力量。早在16世纪，来自波斯湾的天然珍珠打孔后就制作成精致的珠串或者像光环一样的头绳装饰佩戴在头上。与此同时，那些造型像动物、鸟类或者神话传说的异形巴洛克珍珠（Baroque pearls）被镶嵌在黄金上制作

032

成各种吊坠。人们认为珍珠有滋补和药用价值，碾碎服用可以用来治疗各种顽疾，如胃溃疡，甚至霍乱。

珍珠是在软体动物如牡蛎或者蚌类体内形成的，是大自然的意外。当一个外来的物体如一粒沙子或者砾石进入贝壳里面，这些软体动物会分泌一层又一层的称为"贝壳蛋白"的有润滑作用的物质包裹在沙砾外面，逐渐形成珍珠。

有五个重要因素影响珍珠的珍贵程度和价值。

（1）尺寸。无论是天然珍珠还是养殖珍珠，珍珠的尺寸越大越有价值。

（2）形状。一颗完美的圆形珍珠要比不圆的珍珠或者巴洛克珍珠更有价值。

（3）颜色。如今养殖珍珠有多种颜色，但是在古董首饰中天然珍珠一般是白色、灰黄色、青铜色、奶油黄色。如果珍珠有难看的棕色斑点则其价值会低很多。

（4）光滑程度。由于珍珠是一种有机材料，经常会有不规则、斑点、伤疤甚至损坏的情况。珍珠打孔的位置周围也会被项链绳磨损，而且天然的珍珠不可避免地会有气泡、孔洞以及表面的缺陷。

（5）光泽。珍珠表面美丽的彩虹色来源于珍珠质，珍珠质越厚，珍珠的光泽越强，价值也越高。养殖珍珠经常提前采收，所以珍珠质较薄，没有光泽的珍珠质容易发生剥

离，并且有时会看到人工的珠核。

天然珍珠

在 19 世纪养殖珍珠工业开始之前，东方的或者天然的珍珠价值连城。在 20 世纪 20 年代一串非常普通的渐变项链能够很轻易地卖到几百英镑。天然珍珠从阿拉伯湾、日本、斯里兰卡西北的马纳尔（Manaar）海湾、澳大利亚、加利福尼亚和委内瑞拉等地输入欧洲。由于形状、大小和颜色的不同，这些天然珍珠也会有很多不同的名字。

（1）巴洛克珍珠。巴洛克珍珠是指那些形状不规则的珍珠，它们经常出现在 16~17 世纪欧洲大陆风格的首饰中，在 19 世纪这些珍珠也镶嵌在复古风格的吊坠和胸针上。巴洛克珍珠大都非常硕大却不完美，尽管如此，一对镶嵌巴洛克珍珠的耳坠也是非常吸引人的。

（2）贝附珍珠（Blister pearls，又称疱状珍珠、水泡珍珠）。更加扭曲的珍珠，应用在崇尚自然主义的工艺美术运动和新艺术运动时期的珠宝首饰中。瘦长的水滴状密西西比珍珠是它们的代表。

（3）布顿珍珠（Bouton pearls，又称纽扣珍珠、扁珍珠）。一种圆顶平底的珍珠，常用在 19 世纪、20 世纪钻石首饰和其他镶嵌类首饰中。

（4）米粒珠（Seed pearls）。维多利亚时期在珠宝首饰中应用的小颗粒珍珠，这些

珍珠可以串联起来在珠母贝上制作成装饰性的花朵。爱德华时期的苏托尔项链[1]底端经常有几股米粒珠编织的流苏，但米粒珠编织的饰品很容易老化、损坏，所以大大降低了它的价值。

（5）淡水珠（Freshwater pearls）。有时称作蚌珠、米赛尔珠（Mussel pearls），淡水珠出产在河水或者内陆湖水中。淡水珠光泽相对较暗，颜色以白色为主。苏格兰淡水珠从中世纪时期已经开始应用。

（6）珠母贝（Mother-of-pearl）。具有彩虹光泽的贝壳，可以将贝壳打磨平整后与米粒珠一起制作成珍珠花卉，在维多利亚时期经常将珠母贝制成吊坠盒或者带有肖像浮雕的胸针。20 世纪 20 年代珠母贝在袖扣等绅士的配饰中非常流行。

（7）粉色珍珠（Pink pearls，或称粉色海螺珠）。这种天然珍珠是一种称作"大海螺"（Great Conch）的软体动物生产的。粉色珍珠表面具有像火焰一样的独特标记，经常被误认为是珊瑚。这种珍珠在美好时代的钻石首饰中非常流行，水滴形的粉色珍珠经常镶嵌在领带别针上。这种珍珠非常稀少，在拍卖会上能够拍出很高的价格，当然，不规则的褪色斑点会降低它的价格。

养殖珍珠

人工养殖珍珠是将小的玻璃珠或者珠母贝放到贝壳里然后养殖到商用珍珠尺寸大小。

镶嵌粉红色海螺珍珠、黑白珍珠以及钻石的吊坠。这是俱乐部的"王牌饰品"，约 1885 年。

镶嵌米粒珠和石榴石的编织项链。约 1845 年。

镶嵌天然珍珠和钻石的胸针，底下坠有一颗匹配的珍珠。约 1895 年。

---

1 苏托尔项链 (sautoir)，是一种带有吊坠或流苏垂穗的长项链。——译者注

养殖珍珠的引入是在 20 世纪 20 年代，几乎毁灭了天然珍珠市场。直到 20 世纪 60 年代，直径超过 9 毫米的养殖珍珠项链仍然是非常流行的，但是它们的吸引力却迅速地下降，如今市面上看到的大都是"新的"养殖珍珠。这些珍珠能够养殖到 20 毫米或者更大，并且各种颜色、形状、质量的应有尽有。

马贝珠（Mabé pearls）。由覆盖着珍珠质的珠核和一部分珠母贝组成的大型养殖珍珠。应用在当代欧洲大陆风格的首饰中，经常镶嵌在戒指和耳夹上。

人造珍珠

人造珍珠是仿制宝石的一个重要品类，从文艺复兴时期开始，人造珍珠就与钻石一起镶嵌在首饰中，或者制成时装首饰。早期的人造珍珠中间是乳白色中空的玻璃珠，然后在表面喷涂一层主要成分是鱼鳞粉的材料制成。这种"珍珠"非常脆弱，结构与圣诞树上的装饰球一样，那些在早期绘画中出现的珍珠项链很可能是仿制品。大部分现代的人造珍珠都是简单喷涂的玻璃珠。

考克珠（Coq de perle）。大型的珠母贝切片和鹦鹉螺壳粘在一起制作的珍珠，经常镶嵌在由马克赛石（marcasite）制作的饰品中。考克珠和"蛋壳珠"在 19 世纪早期的项链和耳环等配饰中非常流行。

镶嵌人造珍珠和粉色钻石的耳坠，约 1795 年。人造珍珠是在空心玻璃珠表面涂刷鱼鳞粉，然后覆盖上清漆，这种假珍珠很容易破碎，所以现在非常罕见。

琥珀

琥珀是一种变成化石的松脂，这些松脂是从数百万年前茂盛的松树上渗出的。这些黏稠的汁液在下降过程中有时会包住一些昆虫或树叶的碎片从而碰巧产生我们苦苦寻找的，或者经常仿造的稀有琥珀品种。

在古董首饰中最好的琥珀品种来自靠近哥尼斯堡（Konigsberg）的波罗的海（Baltic）海域、东普鲁士（East Prussia）以及立陶宛（Lithuanian）的海岸。波罗的海琥珀具有典型的云雾状黄色和透明的蜜黄色色泽，经常制作成渐变的珠子或者雕刻成自然形状的胸针，或者制作成具有实际用途的刀具把手、烟斗柄或者伞柄。以乔治·杰生（Georg

最下面是一条透明的棕黄色琥珀项链；中间是一条黄色云雾状波罗的海琥珀项链；最上面的红色珠链是一种称为柯巴脂的合成树脂，它密度大且较重，经常能够以假乱真。塞尔维·司柏科措姆

Jensen）为代表的斯堪的纳维亚银匠发现波罗的海琥珀低调的颜色与银质首饰是绝好的搭配。受早期工艺美术运动风格的强烈影响，现在市场上的琥珀大都制作成自然的样式。其他的琥珀品种包括：

中国琥珀——一般来自缅甸，颜色从淡黄色到大红色。饰品包括雕刻成各种复杂图案的珠链以及在 18 世纪带有玉石盖子的香水瓶。

西西里（Sicily）琥珀——深棕色或者微红色，带有独特的浅蓝色荧光。

罗马尼亚琥珀——经常有瑕疵或者破裂，这种琥珀呈深棕色甚至为黑色。

在 19 世纪末，仿琥珀材料大量应用，包括以下几个类型：

压合琥珀（Pressed Amber，又称压制琥珀）——将波罗的海琥珀的小碎片进行加热压合到一起成为大块琥珀。

柯巴脂（Copal Resin）——可以以假乱真的材料，新西兰柯巴脂呈不透明的黄褐色，可以使用一滴乙醚区分柯巴脂和琥珀，乙醚滴上去后，真正的琥珀不会有痕迹，柯巴脂会有一个深色的痕迹。

035

塑料、人造树胶、赛璐珞——这些材料外观都很像琥珀，但是使用锋利的刀片在表面刮擦时会起皮，真正的琥珀刮擦时会有碎片。

珊瑚

在所有有机宝石材料中，珊瑚在黄金古董首饰中应用最为广泛。珊瑚是一种由数以百万计的称为珊瑚虫的海洋微生物骨骼形成的，如果想去计算它的数量那结果肯定令人沮丧。它是大自然的独特奇迹，在数百年前人们才开始开发利用。

各种颜色的珊瑚都有它独特的名字。其中包括白色（Bianco）、天使皮肤的颜色——带有粉色调的白色（Pelle d'Angelo）、亮红色（Rosa Vivo）、红色（Russo）和黑色。

那种颜色酷似公牛血的深红色珊瑚大概是今天最昂贵的品种，顶级的珠串项链在专业商店里可以卖到超过 10000 美元。

尽管设计风格在不断地变化，珊瑚在整个 19 世纪都没有失去它的流行地位。18 世纪晚期和 19 世纪早期镀金材料的金属头冠上经常镶嵌珊瑚珠，这些珊瑚有时带有小刻面，或者在上面蚀刻一些精细的十字交叉线。在那个浪漫的时代，人们经常在带有白色珊瑚花头的花卉胸针上再点缀由绿松石、红宝石制作的花蕊，从而形成强烈的对比。维多利亚时期早期珊瑚往往雕刻成手形、天使头像、自然花卉的形状，而在 19 世纪 50~60 年代意大利那不勒斯（Naples）的工匠把自然的枝状的珊瑚雕刻成海兽、骷髅以及各种

带有黄金常春藤叶子的胸针，镶嵌意大利枝状珊瑚，寓意为友谊和忠诚。约 1850 年。

镶嵌一圈白色珊瑚珠的黄金耳坠，中间是一颗底部贴箔的水晶。白色珊瑚在维多利亚时期早期黄金花卉胸针中非常流行。约翰·约瑟夫古董珠宝

怪诞的形状，后来经常制成在绅士中特别流行的领带别针。粉红和浅粉红色的珊瑚被打磨成加长的水滴形坠子，然后使用明亮的黄金镶嵌在渐变的流苏项链上。珊瑚的颜色是完全中性的，它既可以搭配低调、谦逊的戒指，又可以应用在具有强烈对比的天蓝色珐琅和镶嵌钻石的奢华首饰套装中。

20世纪，珊瑚、缟玛瑙、水晶以及玉髓等宝石经常镶嵌在一起形成对比。珊瑚可以切割成片形、金字塔形或者管状长条形等多种形状，成为装饰艺术时期法国卡地亚和德国西奥多·法尔纳（Theodor Fahrner）"建筑学风格"胸针和手镯钟爱的材料。第二次世界大战后，以宝格丽（Bulgari）为代表的意大利工匠成功地将珊瑚应用到大型黄金镶钻的个性化珠宝首饰中。

象牙

在17~18世纪时象牙经常用来制作收纳盒、扇子、针线盒等装饰性物件以及日常配饰。19世纪之前象牙在珠宝首饰中的应用不多，仅局限于摄政时期带暗盒的戒指和胸针中，通常制作成微型画或者雕刻精致的雕像放置于暗盒中。19世纪50年代以后，人们对自然的痴迷导致将象牙雕刻成胸针的做法大量流行，雕刻的主题有花束、山谷中的百合花、麦捆等，从1850年流行到1880年。之后这些形象生动的象牙胸针开始受冷落，被廉价的银饰和普通的黄金别针所替代。

象牙也曾制作成描绘经典女性侧面头像的大型浮雕，头上缠绕多串葡萄的酒神巴克斯（Bacchante）的女祭司非常受欢迎。在19世纪德国胸针中，象牙被巧妙地雕刻成各种内容，如林地、乡村风景以及马群、牡鹿、猎狗等狩猎场景。

需要注意的是要确认买到的饰品是象牙而不是骨制品。两种材料经常会混淆，真正的象牙有波纹状的线条纹理，而骨制品比较粗糙，同时重量也略轻，经常会有小黑点。

在新艺术运动时期，象牙首饰被程式化地雕刻成女性或者动物形象，并用镂空珐琅装饰，而到了装饰艺术时期镶嵌在黄金或者白银饰品上的象牙都是几何形的。

维多利亚时期的浮雕吊坠和一枚小天使浮雕头像的象牙胸针，在19~20世纪的世纪之交，象牙经常混杂在廉价、粗糙的骨制纪念品、胸针以及念珠之中。本杰明（Benjamin）；塞尔维·司柏科措姆

煤玉

黑色在特定的四十年时间里是一种特殊的颜色，1861 年阿尔伯特亲王（Prince Albert）的去世使英国陷入哀悼之中，煤玉在这段时间里几乎成为"悼念"的同义词。

真正的煤玉是木头在高温高压下形成的化石。迄今为止，维多利亚时期最重要的煤玉产地是北约克郡（North Yorkshire）海滨的惠特比（Whiby），正好是《吸血鬼德古拉》（*Dracula*）的取景地。惠特比煤玉非常光亮，而且重量出奇的轻。它可以雕刻成各种艺术装饰品，与悼念首饰关系非常密切。镶嵌煤玉的首饰从端庄的十字架到椭圆形的吊坠盒、背面带暗盒的胸针，以及更精致的带有坠饰的手镯和项链应有尽有。煤玉作为悼念首饰在本书第六章"死亡产业"中还会详细介绍。

与煤玉外观相似的材料包括：

泥炭栎（Bog-oak）——产自爱尔兰泥潭沼泽中的灰黑色木头。在 19 世纪 50 年代非常流行，泥炭栎首饰经常雕刻成花卉或者三叶草等带有民族风味的胸针。

法国煤玉（French jet）——黑色玻璃。重量比煤玉重，带有闪亮的光泽，触碰时比较凉。18 世纪时法国煤玉应用在胸针和装有头发的盒式戒指中，同时在 19 世纪晚期的时装首饰中得到大量应用。

硬橡胶（Vulcanite）——又叫古塔

037

结形胸针和耳坠，惠特比（Whitby）煤玉雕刻，维多利亚时期。1875 年。萨通；塞尔维・司柏科措姆

花朵形的法国煤玉耳坠，约 1880 年。法国煤玉是经过简单抛光的玻璃，碰触时感觉要比煤玉略凉，而且比煤玉重。

胶。硬橡胶是一种含有硫黄并经过处理的印度橡胶。

其他仿煤玉的材料有塑料、黑色玛瑙和黑色珐琅。

贝壳

见本书第七章"浮雕与凹雕"。

玳瑁

维多利亚时期的人们不太可能对诸如濒危物种之类的问题进行过多的思考。当然，如果大量的甲虫、蝴蝶、蜂鸟、海龟以及老虎被以装饰艺术的名义灭绝的话，由此只能推测那一时期的人们对野生动物的保护问题漠不关心。

玳瑁是一种海龟层叠的角质板，主要的贡献者是玳瑁龟。这些取自玳瑁龟背部的甲片呈带有斑点的深棕色或者红棕色，而取自其腹部的甲片都是统一的蜜棕色，最上品的是金色玳瑁。后者一般用于制作梳子以及在装饰艺术时期用于制作非常有名的百宝匣（minaudière）。

象牙和玳瑁用来制作装饰品可以追溯到17世纪，当时法国胡格诺（Huguenot）工匠使用中国风的图案和花纹将漂亮的金属镶嵌在象牙和玳瑁里，制作出了很多既美观又实用的鼻烟盒、收纳盒、针线盒以及眼镜盒等物件。玳瑁在加热时可以变软，这样手艺

一个维多利亚时期的硬橡胶十字架和一枚使用爱尔兰泥炭栎制作的"执扇之手"胸针（仿煤玉材料）。塞尔维·司柏科措姆；帕特·诺维西西莫

维多利亚时期的玳瑁饰品组合，约1860年。镶嵌有黄金和白银的花卉图案。带扣装饰有独特的几何花纹。布瑞恩和雷尼·赫莫斯

人就可以将它变成各种需要的形状，将表面抛光后再镶嵌上珠母贝、黄金、白银形成我们称为"嵌错"的工艺。这就产生了"斑点花纹"（piqué）这个词以及玳瑁斑点花纹工艺。

小星形、波尔卡圆点（polka dots）以及珠簇图案称为"花纹点"（piqué point），而花簇形、几何形图案中的金属线条称为"花纹面"（piqué posé）。这两种工艺在19世纪30年代都曾经应用在维多利亚时期的首饰中，到19世纪60年代达到一个高峰，胸针中的应用是最常见的。圆拱形和几何形最为流行，表面布满了花束或者层叠的鱼鳞形图案。胸针的背面是镂空的，与简单的金属或者银质的别针镶嵌在一起。耳坠有时制作成优雅的水滴形，就像古代的陶罐一样。其他常见的设计样式有：马耳他十字架、扇形梳子、纽扣和大型的腰带扣，项链和戒指中很少见到这种工艺。

今天，许多斑点花纹工艺的首饰已经损坏，里面镶嵌的金、银材料缺失或者玳瑁开裂、褪色，所以质量上乘的胸针、耳坠在出售的时候会卖出相当可观的价钱。

乔治王时期罕见的珍贵细流形半宝石项链，这串项链展示了完整的色谱。S.J. 菲利普斯公司

拓展阅读

Gems, Robert Webster (NAG Press).

Practical Gemmology, Robert Webster (NAG Press).

Gem Testing, Basil Anderson (Newnes-Butterworths).

The Dealer's Book of Gems & Diamonds, M. Sevdermish and A. Mashiah (KAL Painting House).

第 二 章
从早期到 18 世纪首饰的演变过程

我相信现在是收藏古董首饰的最好机会。随着货源的减少和需求的增加，那些被市场追捧的"主流"首饰价格在不断地攀升。但是中等价位的维多利亚时期的胸针、戒指和手链仍然可以投资。印章、搭扣、领带别针、扣针等大量的古董饰品、配饰仍然能够以很便宜的价格买到，因为人们觉得它们不好佩戴也不时尚。由此可见，收藏的关键在于找到价值被低估的藏品，并且在它升值之前收藏起来。

古董首饰永远是独一无二的，很难找到两件一模一样的首饰，所以你可以无所顾忌地佩戴任何一件胸针、一条手链、一个搭扣，再也不用担心撞衫。在国际顶级的珠宝商那里买一条价值 100000 美元的珍珠项链看起来非常闪耀，但这条项链可以不断复制出现在任何国家的任何零售店里。而佩戴一件镶有海蓝宝石或者粉红色托帕石的维多利亚时期的细金丝工艺胸针却显得更有品位，更有说服力，更能展示令人窒息的高雅气质，而其价格顶多为 5000 英镑。

古代的黄金饰品

令人出乎意料的是，你完全可以以低于 2000 英镑的价格在拍卖会上买到一只简单的罗马戒指或一副古代耳环。罗马、希腊

乔治王时期的金戒指，镶嵌带有儿童浮雕头像的罗马玉石，2~4 世纪。18 世纪末，随着新古典主义（neoclassicism）的流行，将古代玉石镶嵌在首饰上的做法非常流行。

罗马金戒指，装饰部分做成儿童头像的样式，2 世纪末。

时期以及希腊化时期的印章石产量非常高，都镶嵌在黄金或者白银的简单结构上。那些装饰有女神头像或者别致漂亮的带有双耳瓶（壶形）坠饰的耳饰经常出现在伦敦特殊拍卖会上。这些黄金文物对保存条件要求很高，因为它们大多是空心的而且相当柔软，非常容易受到破坏。很少有人了解这些古董珠宝，这是一个很重要的问题，经销商掌握了一切，而他们更关注几个商业主流时期的产品。不幸的是，市场充斥着各种来源的赝品，所以购买一件有可靠来源的货品非常重要。

撒克逊、维京和中世纪黄金首饰

寻宝爱好者们使用金属探测器发现了大量黄金戒指、带扣、胸针以及各种珠宝，涵盖了从黑暗时代到维京人占领时期乃至中世纪的各个阶段，他们在乡村、农田和海岸线附近四处搜索、寻找这些稀有、珍贵的宝藏。根据法律规定，这些被发现的物品必须报送到地区检测专员处以判断它们是不是确无主人的宝藏（Treasure Trove），最终它们可能会被卖到合适的博物馆中，或者返还给发现它们的人。

一组金戒指，其中三只是刻有花纹的印章戒指。15~16世纪，英国和德国富有的市民、商人使用带纹章的印章戒指来标识文件的法律效力，同时这些印章又可以彰显其尊贵的社会地位。

带有铭文的圆形黄金胸针，13~14世纪。S.J.菲利普斯公司

中世纪时期的金戒指，镶有简单弧面切工的蓝宝石，1150~1250年。

这个时期的珠宝首饰具有重要的价值，尤其是那些装饰有宝石、珐琅的首饰，拥有复杂结构，并且能够证明它原属于某个名人的珠宝首饰更是价值连城。然而，很多中档的撒克逊、维京以及稍晚些时期的黄金戒指只有送到拍卖会上才能卖出真实的价格。维京时期的戒指使用缠绕在一起的黄金丝线组成圆锥形渐变的花丝装饰，显得特别漂亮、精致。12~13 世纪的戒指一般简单而朴素，戒指顶部大都镶嵌一颗形状不规则的宝石，如蓝宝石、红宝石或者石榴石，这些宝石经常打磨成简单的弧面形。14 世纪宗教用的金戒指都认真地雕刻出圣徒的头像，因此称为肖像戒指。15~16 世纪早期，黄金印章戒指经常在简单盾形的图案中绘制出显贵家族的纹章，并伴随一系列的铭文。

16 世纪的首饰

16 世纪的日常首饰很少留存下来。大多数这个时期的首饰保存在博物馆中，那些出现在拍卖会上的戒指、吊坠不是价格高昂就是严重损坏，无法正常佩戴。文艺复兴时期的吊坠被限制在由贵族和富商垄断的市场内，当时流行用近乎纯净的黄金制作饰品，上面装饰彩色的珐琅，并镶嵌各种名贵的宝石，如红宝石、简单桌式切工的钻石，当然还有（不可或缺的）在 16 世纪被称为"margarettes"的异形珍珠。在这个时期，宗教和魔幻主题是非常突出的，西班牙的贵族们钟爱祷告用的珠宝，包括念珠（之前称

16 世纪鹦鹉黄金吊坠，装饰宝石、珐琅，约 1680 年。沃德斯登国家信托（National Trust Waddesdon Manor）

16 世纪西班牙黄金人马形吊坠，使用异形珍珠和白色珐琅制作而成。值得注意的是首饰创造性地利用了珍珠的外形。沃德斯登国家信托

16 世纪德国黄金珐琅十字架，带有受难的符号和冯·基尼伯格（Von Kienburg）的家徽，约 1580 年。S.J. 菲利普斯公司

画家皮特·格瑞兹·冯·罗斯卓腾（Pieter Gerrits Van Roestraten，1630~1700 年）绘制的一箱 1600~1650 年德国的珠宝。注意简单桌式切工的钻石和红宝石，都是当时在技术水平有限的情况下的成功作品。

拉斐尔·瓦尔斯画廊（Rafael Valls Gellery）；布里奇曼艺术图书馆（Bridgeman Art Library）

可爱的黄金羊护身符，装饰有珍珠，底部一个隐藏的空间内装有圣遗物。西班牙殖民地或者意大利南部，1600~1620 年。

为 "paternosters"）和镶满珐琅、钻石的十字架。在 16 世纪，使用黑白色的缟玛瑙或者玉髓雕刻的浮雕特别引人注目，浮雕的主题是一些杰出人物的侧面像，或者经典人物组合的形象。在拍卖会上经常会出现商人的戒指，数量庞大而且让人印象深刻，这些粗大的金银戒指经常在戒面位置雕刻盾形纹章或者镶嵌一颗底部贴金箔的水晶，水晶上面雕刻花纹，有时会铭刻制作的时间。这个时期的宝石非常单调，所以戒指上经常雕刻有造型新奇、繁密的涡卷花纹或者装饰色彩艳丽的珐琅来弥补这一缺陷。17 世纪初期，这些装饰华丽的风格便让位于更简洁的詹姆士一世（Jacobean）风格。

17 世纪的首饰

1912 年，工人在星期五大街（Friday Street）一个商店地窖中挖土的时候，偶然发现了一个腐烂的木箱，里面装满了大量的金项链、戒指、耳环、宝石和各种工艺品。这么多珠宝首饰为什么会埋藏在圣保罗大教堂（St Paul's）拐角处，至今仍是个谜，或许是某个珠宝商在躲避大火或者瘟疫时将它们带到了这里。然而，可以肯定的是，奇普赛德宝藏（Cheapside Hoard）的发现，为珠宝历史学家研究 17 世纪的珠宝设计、制作和装饰方法提供了一个绝无仅有的好机会。

除了一两块纯净完美的祖母绿做成了手表，绝大多数饰品明显是供客户任意选购的。

经过珐琅和桌式切工宝石点缀的首饰优雅而精美。彩色珐琅制作的各种花卉连接成复杂的项链，以及紫水晶雕刻成的葡萄耳环，显示出维多利亚时期[1]的首饰在创作灵感方面比詹姆士一世时期的作品更胜一筹。奇普赛德宝藏一直在伦敦的巴比肯（Barbican）博物馆展出。

17世纪时，花卉造型是首饰设计的主题。随着钻石切割技术的进步，出现了玫瑰形切工，王冠上各种不同造型的花卉纹饰中镶嵌了大量的钻石，这些纹饰成为集中展示钻石三角形刻面反光的理想载体。尽管黄金镶嵌已经出现，但是大多数的镶嵌首饰都是银质

的，而且整个镶嵌结构的底部都是封闭的。

珐琅在17世纪的首饰中扮演了重要的角色，充当了贵重宝石的替代品，有效填补了首饰的各种空间位置。人们钟爱一些特殊的颜色，特别是有着黑白涡卷纹衬托的天蓝色（在吊坠盒和小型肖像画的背面特别流行），在英国和荷兰的项链、吊坠上经常使用白色和粉色描绘出精致的玫瑰、郁金香花朵。许多斯图亚特式（Stuart）首饰和晚期的"死亡提示"首饰也使用这种珐琅装饰。这类首饰的造型多为阴冷的骨架、棺材，内部藏有精心编织的逝者的头发，首饰表面精心装饰珐琅小花，整件饰物体现出生者对逝

伦敦奇普赛德宝藏中一组17世纪时期的黄金项链，装饰了珐琅和宝石。伦敦博物馆

奇普赛德宝藏中的部分金戒指，装饰珐琅并镶嵌宝石，展示了17世纪英国珠宝首饰的优雅和多彩。伦敦博物馆

---

1   疑为伊丽莎白时期。——译者注

查理二世（Charles Ⅱ）的微缩肖像，使用黄金和水晶镶嵌，约1685年。"死亡提示"首饰里经常有逝者的一缕头发。S.J. 菲利普斯公司

詹姆士二世（James Ⅱ）的死亡悼念首饰，约1701年。S.J. 菲利普斯公司

者的怀念。

大约从17世纪20年代到17世纪中叶，贵妇们开始在长袍外佩戴引人注目的大型珠宝首饰。这些首饰使用银或者银镀金材料，镶嵌大量桌式切工的钻石和彩色宝石，如黄玉、祖母绿、红宝石等。有些华丽的首饰还进一步装饰异形珍珠。蝴蝶结装饰是这些饰品令人印象深刻的重要特征，其结构是一系列精心设计的环状丝带，聚集在首饰的中心位置。法国书简作家塞维尼夫人（Madame de Sévigné）为这种特殊风格的胸针命名为"塞维尼蝴蝶结胸针"。

佩戴在头发上的华丽胸针称为"鹭羽饰品"（aigrettes）。这种饰品的设计灵感来自大自然，经常做成花卉和羽毛的形状，上面镶嵌钻石或呈线形排布的彩色宝石，在多枝吊灯闪烁的光线下，它们实在是宝石最合适的展示载体。有趣的是，詹姆士一世

（James Ⅰ）被称为"基督世界贤明的傻瓜"，他卖掉了许多极品的皇家收藏品去购买一件称为"羽毛"（The Feather）的鹭羽胸针，并时常将它别在帽子上。

耳坠接受了这种豪华的趋势，三颗梨形坠饰悬挂在主石下面形成多枝吊灯样式，主石经常镶嵌在蝴蝶结造型的中间，或者由群镶的小宝石组成的花卉形纹饰中间。佩戴多枝吊灯样式耳坠和胸针的潮流一直持续到19世纪，直到19世纪40~50年代才逐渐被不太华丽的实用主义样式所替代。

17世纪的西班牙首饰在设计方面尤其精致。明亮的黄金十字架、描述耶稣受难场景的黄杨木吊坠，以及包括"耶稣受难的十字架碎片"等宗教性饰品上都镶满了桌式切工的钻石以及列为首选的清一色的有色宝石——祖母绿。这些珠宝首饰被随身携带往返于南美洲与欧洲的危险航线，祖母绿类古董首饰现在首推产自西班牙和葡萄牙的饰品，但令人难以接受的是，许多这样的珠宝首饰现在已经损坏，无法佩戴。

18 世纪的首饰

无论什么时候，如果乔治王期的钻石首饰出现在拍卖会上，竞争肯定是激烈的，价格像火箭一样直升。这是为什么呢？可以用两件钻石花卉胸针饰品来比较，一件在1775年制作，另一件在1895年制作。维多利亚时期晚期的首饰给人刻板的印象，它

18 世纪早期镶嵌红宝石、桌式切工钻石的巴洛克银质蝴蝶结形装饰，有可能是西班牙人制作的，1720~1740 年。宝石几乎是未经打磨的原始状态。

同一件首饰的反面，展示了平面、完全封闭的镶嵌结构，金属表面留下少量镀金残存的痕迹。这件首饰可能是搭配一条天鹅绒的丝带，或者在顶端的蝴蝶结上穿一条简单的项链垂挂起来佩戴。

们的各个部件在完全机械化的状态下批量生产，然后镶嵌各种颜色、净度的钻石。而相比之下乔治王时期的钻石都镶嵌在优雅的、封闭结构的银质底托上，大量统一大小的花瓣显示了自然主义的强大力量，在胸针的制作过程中使用密钉镶的方式将这些来自约 200 年前的钻石紧挨着镶嵌起来，展示了它们独一无二的纯净、柔和的光泽。

18 世纪美丽稀有的珠宝首饰反映的信息是：随着钻石需求的增长以及切割、抛光技术的提高，钻石的重要性也不断提升。人们首次开始欣赏钻石无与伦比的闪光，特别是在这个以自然科学为标志的时代，钻石大量被成排、成圈地镶嵌在各种花卉造型饰品中。

1720 年前后，完全用彩色珐琅作为主

题制作的首饰几乎消失。尽管如此，仍存在一种特殊的巴黎首饰，但其应用局限在熏香盒、小盒子、腰挂链等装饰品范围内。在镶嵌方面（一般使用银质材料）总的趋势是保持朴实，并不加以修饰，在珠宝首饰方面法国装饰品的影响变得尤其重要，装饰艺术呈现出一种新的经典风格，我们称为"洛可可风格"（Rococo）。这种称为"贝壳曲线"的装饰风格出现在项链的涡卷部件中，展示了完全不对称的复杂花卉装饰。1750 年前后生机勃勃的大花束连衣裙胸针变得相当流行，不仅在英国，甚至遍及整个欧洲。这些豪华的首饰很容易达到甚至超过 8 英尺（20厘米），然后再在花簇中镶嵌光彩夺目的红宝石、祖母绿、蓝宝石等"老矿"宝石。18

世纪中叶，这种源自花卉的狂热体现在戒指和胸针设计中，被称为"Giardinetti"或者小花园首饰。这些美丽的花卉形饰品有的在银质材料上镶嵌钻石及各种彩色宝石，有的使用黄金镶嵌铅玻璃仿制宝石。有时作为主石的宝石，如红宝石或者祖母绿等还会被制作成象征性的花瓶的样式。

18世纪的戒指毫无例外都是优雅的、极受欢迎的，这就是为什么现在市场上有那么多的仿制品了，有一些制作工艺精良，有的却是粗制滥造。乔治王时期的人们每天在手上戴满了戒指，这意味着它们很容易被磨损，所以一只保存完好的戒指会比磨损或损伤的戒指更有价值。

乔治王时期的经典戒指都将平面切割的垫形钻石或者贵重宝石镶嵌在（戒指的顶部）镶石座的凹坑中，再使用小钻装饰金属边缘。在18世纪50年代，这些金质或银质的镶石座经过抛光后经常会雕刻上许多被称作"旭日之光"的放射线条。这种包镶是封闭式的镶嵌，光线不能透过宝石，所以在镶嵌宝石

的底部加一块有色的锡箔成为一种流行的做法，这样可以增强宝石的颜色，提高宝石的亮度。但这也产生了特殊的问题：只要有一点水进入镶嵌结构中，就会让锡箔褪色（例如，钻石的贴箔会失去光泽，变成灰黑色）。而且，假如宝石是"增强"的颜色，那么褪色只是一个自然过程。更令人难以接受的是很多没有任何价值的水晶、无色铅玻璃使用贴箔的方法被改造成为蓝宝石出售。

对于许多富有的贵族来说，他们很容易得到华丽的钻石和镶满珠宝的花束形胸针，

18世纪西班牙一件精美的蝴蝶结形吊坠、胸针两用饰品，黄金材质，镶嵌祖母绿，底部为十字形。S.J.菲利普斯公司

18世纪中期英国或法国的蝴蝶结项链，镶嵌红宝石和钻石，约1750年。

但是对于那些资源受到限制的社会阶层来说，铅玻璃饰品就是最好的选择。最早的铅玻璃材料是通过加热燧石粉、氧化铅和钾碱的混合物获得，这种方案是斯特拉斯堡（Strasbourg）的乔杰斯·弗里德里克·斯特拉斯（Georges Frédéric Strass，1701~1773年）"发明"的，他发现加入铅的玻璃会有一种柔和的、钻石一样的光泽，特别适合做刻面宝石的替代品。很快铅玻璃变成功能强大而且被社会认同的宝石替代品，代替了那些镶嵌在金银上的贵重宝石。因为效果与贵重宝石近似而又价廉物美，铅玻璃广泛应用在"真"首饰中。

大量生产廉价和实用的首饰、配饰是18世纪首饰的显著特征，人们对廉价小饰品的热衷也成为维多利亚时期珠宝首饰的重要特色。舰队街（Fleet Street）的制表匠克里斯多夫·皮奇比克（Christopher Pinchbeck，1672~1732年）发明了一种酷似黄金的铜、锌的合金。直到19世纪，这种仿金材料制作的搭扣、腰挂链等廉价首饰、配饰的销售量都很大，后来这种材料逐渐被做工粗糙的镀金材料所替代。1762年，蒸汽设备制造工麦修·博尔顿（Matthew Boulton，1728~1809年）完善了一种在大头钉上面制作刻面的新技术，然后把它们镶嵌到金属背板上。在人工光源下将它与钻

英国豪华的宝石群镶胸针，1720~1750年。这种首饰一般都用银作为镶嵌材料，现在非常罕见。S.J.菲利普斯公司

群镶宝石的椭圆戒面戒指，约1800年。这些乔治王时期的钻石经常来自干涸的河床，都具有独一无二的颜色和净度。威力士拍卖行

英国六瓣花胸针，1775~1785 年。这些漂亮的首饰通常在银片上满镶钻石，镶嵌宝石的镶石座是完全封闭的。这件饰品中间小花的底部安装了一圈弹簧，可以颤动。威力士拍卖行

石相比较，深灰色的刻面钢并不显得那么廉价，于是这种材料很快成为各种饰品和日常配饰的组成部分，遍及英国和法国。另一种区别于切割钢材的普通材料是马克赛石，经过刻面后常常镶嵌在 20 世纪的服装首饰上。乔治王时期，马克赛石是人们普遍接受的完美的钻石替代品。马克赛石是由铜黄色的黄铁矿（愚人金）切割打磨成的宝石，镶嵌马克赛石的饰品具有非常好的装饰效果，它可以镶嵌在皇家蓝色的玻璃时装戒指上、韦奇伍德（Wedgwood）的陶瓷浮雕胸针以及带有微型画的胸针上，与那些镶嵌钻石和半圆珍珠的饰品相比，马克赛石的饰品要廉价

得多。

多枝吊灯样式的胸针、耳环等豪华饰品在西班牙和法国的贵族中非常流行，一直持续到 18 世纪末。事实上在西班牙和葡萄牙，这种风格持续了相当长的时间，那些镶嵌了钙铝榴石、浅色贵橄榄石等各种不常见宝石的金银耳坠，在之前的 200 年之中一直保有它们的吸引力。然而，到 18 世纪 90 年代以及 19 世纪，品位和时尚发生了明显的变化，从过度繁复的"贝壳装饰"（rocaille）转变成简洁"整齐"的被称作"新古典主义"（Neo-classicism）的法国风格。例如在戒指上最明显的变化是开始流行加长的橄榄

形切工（或鱼雷式切工）、椭圆形或宽的长方形切工的主石，最有代表性的是带有皇家蓝色珐琅和装饰一圈钻石配石的戒指及花卉样式的戒指。而悼念戒指经常是绘有一个女人在坟墓前哭泣的微型画，旁边刻有富含感情的短句以及散落镶嵌着象征泪水的珍珠。

18 世纪 80 年代到 90 年代，英国经典的胸针样式是镶满钻石的六瓣花，这些钻石都是玫瑰切工或者"老矿"明亮切工，同时还有乔治王时期的用"筒夹镶嵌"方法的细流形项链，这是一种造型呈线形的项链，在金银宝石座上镶嵌一系列大小渐变的宝石，如垫形钻石、彩色宝石甚至铅玻璃等仿制材料，这是古董首饰中不怎么复杂但是很有效果的首饰设计类型。

古典风格的影响在应用"罗马式印章镶嵌"方法的戒指、胸针和项链上表现得更加明显。这些玉石或者贝壳的雕件用一圈薄的黄金边镶嵌起来，与喇叭形的戒肩组成戒指，而项链由一系列彩色玉石制成的浮雕或凹雕组成，这些雕件有的是乔治王时期的作品，有的是罗马时期的，用 3~4 行被称为"垂链"（en esclavage）的精致金项链组合起来，关键元素都非常简洁。新古典主义一直延续到 19 世纪，在拿破仑第一法兰西帝国时期（the First Empire of Napoleonic）新古典主义是一个明确的主题，后来逐渐被 19 世纪 20 年代和 30 年代华丽、色彩丰富的首饰所替代。

拓展阅读

Jewellery in Britain 1066-1837, Diana Scarisbrick (Michael Russell Publishing Ltd).

Tudor and Jacobean Jewellery, Diana Scarisbrick (Tate Publishing).

Jewels and Jewellery, Clare Phillips (Victoria & Albert Museum).

A History of Jewellery 1100-1970, Joan Evans (Faber & Faber).

Jewelry from Antiquity to the Present, Clare Phillips (Thames & Hudson).

第 三 章
19 世纪的珠宝首饰

从拿破仑一世（Napoleonic）的新古典主义到维多利亚机械化时期，这是一个充满大量曲折、交织线索的时期，有点难以归类，但大致可以将 19 世纪的珠宝首饰分解成四个不同的阶段，这四个阶段囊括了首饰设计在这一个世纪中无休止的创新、变化过程。

1800~1837 年，乔治王时期的珠宝首饰，威廉四世（William Ⅳ）以及拿破仑一世时期（Napoleonic）的遗珍

今天有一种分类倾向，就是将 19 世纪前 30 年英国生产的首饰大致都归类为"摄政"时期的首饰。事实上，三位国王执政时期首饰设计一直不停地变化着，特别是在维多利亚女王 1837 年执政前的 15 年期间。

1800~1810 年这段时间与新古典主义艺术密切相关，在这段时间里，新古典主义艺术是由拿破仑积极鼓励的一种具有世界影响力的精致艺术时尚。奢华的钻石头冠、项链与革命的信条相悖，动荡的法国大革命时期（1789~1799 年）几乎没有生产首饰。非常遗憾的是，在 18 世纪末大量的贵族珠宝首饰被粗暴地破坏或变卖。

拿破仑在埃及和意大利的战争激发了珠宝首饰设计师的灵感，设计风格明显受到古代艺术的影响。19 世纪初精致的黄金头冠、臂饰以及搭扣经常镶嵌玉石或者贝壳浮雕，浮雕上刻绘了神话故事或者经典人物组合。在这些雕件中，尤其以凹雕为真正的出土文物。为了增强古典的感觉，这些饰品经常设计成月桂花环、棕榈树和希腊钥匙的形状。

19 世纪早期叶形石榴石项链，底部是马耳他十字架胸针吊坠两用饰品，使用黄金镶嵌。S.J. 菲利普斯公司

049

镶嵌各种宝石的王冠形胸针，使用细金丝工艺制作，约 1830 年。所有宝石都单独做了贴箔处理，以增强宝石亮度。S.J. 菲利普斯公司

另一种"经典"的饰品是马赛克（mosaic），它是将许多不同颜色的玻璃仔细地拼合在一起组成一幅画面，如一处风景或者建筑遗迹。这些马赛克的装饰片被镶嵌到黄金的框架上制作成时尚的项链和手镯，两块装饰片中间还有不停晃动的精致黄金项链。

自然主义的花卉、叶子和花环在乔治王时期占据主流，到 19 世纪 30 年代，在钻石首饰中，轻盈开放的金质镶嵌结构开始替代笨重、封闭的银制镶嵌托架。当细金丝工艺出现时，黄金骤然成为首饰设计的主要材料，细金丝工艺酷似花丝工艺，非常适合镶嵌底部贴箔的彩色宝石，如海蓝宝石、粉色托帕石、贵橄榄石、淡色紫水晶以及玛瑙、绿玉髓等细腻的玉石。19 世纪 30 年代，完整成

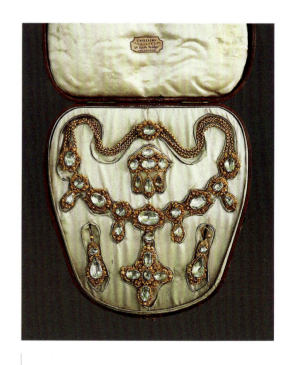

镶嵌海蓝宝石的细金丝工艺首饰套装，装在原装盒子里，约 1830 年。任何一个配件丢失都会明显降低藏品的价值，因为很难找到一件完全相同的饰品。这个原装盒子会使它们更加抢手。

050

细金丝工艺制作的十字形吊坠，镶嵌白玉髓和多种宝石，约1830年。粉色托帕石和绿松石是这些首饰钟爱的宝石，中间的暗盒中存放着一缕头发。

乔治王时期的项链，约1825年。今天这种项链依然在不停地复制，而且比先前的作品更加粗重。值得注意的是那个有"明星"装饰特点的扣件——镶嵌宝石的手形搭扣。S.J.菲利普斯公司

这对镶嵌有石榴石的灯笼形花丝耳坠一直保存在它的原装盒子里，上面有珠宝商的铭文"E & W史密斯金匠和珠宝商贡献给高贵的约克公爵"（E & W Smith Goldsmith & Jewellers to His Royal Highness The Duke of York）。这对耳坠可以追溯到1820~1827年。威力士拍卖行

套的金丝编制工艺首饰称为"套装首饰"，在巴黎和伦敦非常流行，包括项链、手链、耳坠以及一件匹配的多枝吊灯样式的胸针，很多宝石按照惯例在底部贴箔以增强颜色和闪光。

19世纪30年代也是一个情感迸发的年代，那些小胸针和戒指上经常使用一行彩色宝石组合来隐喻名字或者欣赏、爱慕的词句等信息，如"亲爱的"（Dearest）、"尊敬的"（Regard）。这些富有情感的挂锁形、钥匙形、心形首饰以及小印章、手表、钥匙等配饰表面都刻有丰富的花卉纹饰或者镶嵌红宝石、绿松石等宝石。另外，通过增加少量其他金属获得的"三色金""四色金"开始应用在首饰中，如铜（玫瑰金）、银（青金）或者镍（白色金）。

051

1837~1860年，维多利亚时期早期的浪漫主义

这个优雅的时期同样是首饰成长和象征意义发生巨大变化的时期。19世纪40年代，自然主义继续影响着那些写实、精细的米粒珠胸针以及黄金胸针，其样式经常是成串的葡萄形，使用珠母贝做底板将米粒珠编织成项链和胸针，而精心制作的黄金饰品上经常雕刻微小的花卉形或者涡卷形纹饰，这些纹饰上大都装饰天蓝色、深蓝色等彩色的透明珐琅。在19世纪40年代和50年代，手链是最流行的珠宝首饰，这个时代最有特色的是呈条带形可以调节长度并且搭扣上镶嵌宝石的手链以及带有

维多利亚时期的米粒珠胸针，约1850年。米粒珠首饰非常容易散落，所以不是很昂贵。

"阿尔及利亚结"（Algerian Knot）的手镯。在19世纪40年代还可以看到蛇形项链和手镯的发展变化，这些饰品大都周身装饰珐琅或者满镶钻石，用石榴石等颜色绚丽的宝石装饰头部，蛇的口中经常会悬挂一个装有头发的心形暗盒。

在这个时期，悼念首饰正好与情感首饰的流行风格相契合，那种带有黄金錾花盖子并由镀金材料或者黄金制作的装有头发的胸针成为风尚。1861年，阿尔伯特亲王的去世使全国陷入哀悼之中，在北约克郡的惠特比，煤玉的生产趋向繁荣，仅惠特比当地就活跃着近200家工作室，当时的产量勉强满足市场的需求。

意大利马赛克首饰持续流行，但是后来的作品比19世纪早期的作品粗糙得多。19世纪50~60年代旅游业得到了长足的发展，那些去罗马、佛罗伦萨、那不勒斯以及庞贝（Pompeii）废墟的游客带回了用本地材料镶嵌在黄金托架上制成的首饰。那不勒斯出产的贝壳和珊瑚成为制作浮雕的理想材料，雕刻内容从经典的女神到严肃的维多利亚绅士。来自维苏威火山（Mount Vesuvius）的岩浆岩雕刻成各种雕像，主流的历史人物形象有米开朗琪罗（Michelangelo）和莎士比亚（Shakespeare）等。珊瑚在这一时期非常受欢迎，雕刻成各种令人惊讶的形象，从简单的水滴形到凶猛的海蛇形以及各种奇形怪状的东西。甚至很多时候直接用珊瑚枝

镶嵌有铁铝榴石的
结形胸针,约1850年。

带有流苏和球状坠饰
的胸针,1860~1870年。
这种胸针后面都会有装头
发的暗盒。

背部带有暗盒的胸针,装饰白色珐琅
并镶嵌弧面石榴石,英国,约1860年。
这种胸针是维多利亚时期中期常见的样
式,其他流行的材质包括绿松石、缟玛瑙
和搭配钻石、半圆珍珠的天蓝色珐琅等。
维普古董首饰

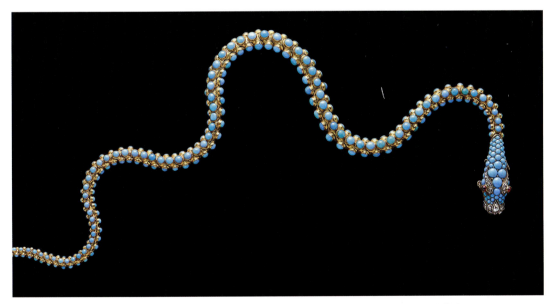

满镶绿松石的蛇形黄金项链,蛇眼睛镶嵌石榴石,下巴镶嵌钻石,约1845年。本特利和斯金纳公司

做成胸针和头冠,这些珊瑚用黄金镶嵌并装
饰代表浆果的小珊瑚珠。在19世纪50年代
其他流行的宝石有成簇镶嵌的绿松石、深红

色切割成弧面的镁铝榴石,与钻石、珐琅一
起点缀在自然主义风格的珠宝首饰上。

1860~1880 年，维多利亚时期中期的自信和复古主义

这是一个探索、繁荣和奋进的时代，19世纪60~70年代那些带有历史主题的首饰占据主流。在这段时间里，所有的消费激情都指向"考古学"（archaeological）风格的黄金首饰，于是变成对欧洲文化的痴迷，大量的注意力集聚到文艺复兴时期的艺术和图腾上，使得珐琅在多彩的首饰设计中与宝石一样都扮演了非常重要的角色。

以费顿那多·皮·卡斯特拉尼（Fortunato Pio Castellani）为代表的一批意大利工匠激发了19世纪初新古典复古主义（neo-classical revivalism）风潮的活跃发展。卡斯特拉尼致力于复兴在古代伊特拉斯坎文化中失传的金珠粒表面处理工艺。为强化作品的完整性，卡斯特拉尼和他同时代的工匠选用古代的材料——埃及圣甲虫玉雕以及罗马银币与黄金镶嵌在一起，并装饰具有学术象征的棕榈叶、古希腊搭扣、双耳瓶以及狮身人面像等。

19世纪60年代，随着宝石加工技术的进步，人们可以将石榴石、珊瑚和绿松石等彩色宝石切割成镶嵌工艺需要的大小，绿松石可以切割成金字塔形并且紧密地镶嵌在弧形的小盒盖上，中间穿插钉镶的小钻石。雕刻成各种形状的宝石还可以与钻石镶嵌成星形、花朵形甚至甲虫等自然主题的饰品形象。19世纪70年代，带有繁复多彩的内填珐琅

（champlevé enamel）吊坠和胸针上都镶满了引人注目的深红色弧面石榴石、钻石以及浅绿色贵橄榄石。受文艺复兴艺术的影响，这些极度漂亮的饰品就是我们所熟知的霍尔拜因式首饰。

在19世纪70年代人们对新文艺复兴风格首饰的钟爱使之成为一种古典复古主义风格。以卡鲁·朱利亚诺（Carlo Giuliano）和罗伯特·菲利普斯（Robert Phillips）为代表的工匠生产了大量生动的彩色珐琅首饰，这些首饰和谐地镶嵌了玉石、简单抛光的半宝石材料以增强"都铎王朝"（Tudor）的写实风格，同时由于对优良工艺的需求，在哥特象征主义（Gothic symbolism）的影响下，制作成怪人、面具或者翼龙形象的

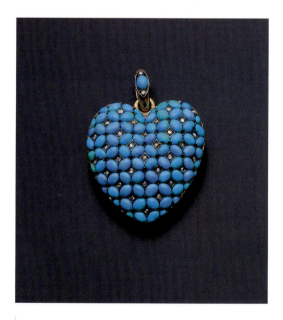

心形吊坠盒，镶嵌绿松石和玫瑰切工的钻石，约1875年。绿松石经常切割制作成非常有装饰效果的几何形。

053

黄金饰品称为"奇幻首饰"，这些饰品在法国和德国非常流行。

在巴黎，亚历克斯·法力兹（Alexis Falize）和当时的著名珐琅工匠塔德（Tard）一起制作了许多"日本风格"的掐丝珐琅（cloisonné enamel）盒子和吊坠。苍蝇、蜜蜂、蜘蛛等造型的自然风格胸针依然是这个阶段令市场着迷的主题。和珠宝首饰一样流行的还有玳瑁龟的甲壳，即我们所熟知的玳瑁斑点花纹工艺饰品。在印度，人们杀掉老虎后将它们的爪子镶嵌到黄金上，成为当时佩戴的一种可怕的装饰套装，还有用蜂鸟头镶嵌成的黄金胸针、用甲虫制作的项链以及由怪诞的蜗牛壳组合而成的深色首饰套装。19 世纪 70 年代被认为是野生生物的十年，不管是真实的还是艺术创造的生物都在首饰设计中扮演了重要的角色。

15K 黄金宽手镯，带有亚述（Assyrian）风格花丝装饰，1860~1870 年。作者收藏

1880~1901 年，维多利亚时期晚期首饰的批量生产

直到现在，我们依旧很难想象在 19 世纪 80~90 年代，大量廉价、多功能的首饰是如何制造出来，然后满足近乎无穷的市场需求的。

随着南非金伯利钻石矿的发现，钻石产量充足、价格合适，彩色宝石尤其是红蓝宝石、绿松石和欧泊被跨国珠宝商互相交易，同时黄金、白银的开采和提炼遍及澳大利亚和北美地区。这是一个繁荣、经济快速发展和自信的时代，中产阶级迅速崛起，可支配收入完全能够承担钻石消费。星形的胸针甚至豪华的头饰在不列颠群岛的大、中型城市都是很常见的。"日常"首饰如黄金项链、情感胸针、手链、简单无底镶宝石的金戒指等价格低廉但是很有代表性，成为生活必需品，它们来自伯明翰、谢菲尔德和伦敦等地散布的首饰工作室。

这些批量生产的首饰质量大都比较普通，经不起认真推敲。红宝石、蓝宝石、祖母绿等宝石都有很多缺陷，颜色也相对较差，同时很多 9K 的金首饰，如手镯、戒指、胸针等镶嵌的是铅玻璃制作的宝石仿制品或者双层拼合石，这些仿制的石头非常像宝石，很具有欺骗性。

054

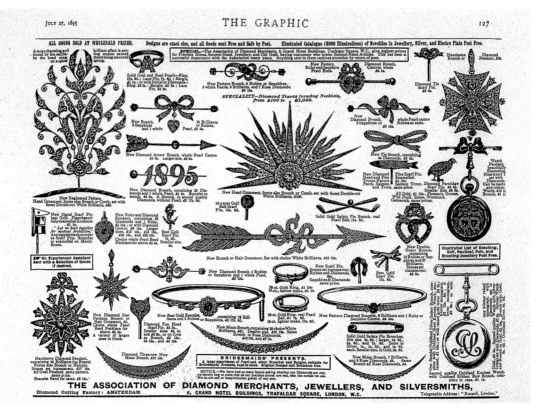

1895 年 7 月 27 日报纸《图像》（*The Graphic*）中的插图，绘制了大量当时流行的漂亮首饰。

9K 金是由 3 份黄金和 5 份其他金属配比成的 K 金材料，它价格低廉、坚固耐用，很快成为量化生产的理想材料，特别是经常使用的日常首饰如袖扣、怀表、怀表链以及背后带有暗盒的胸针、保护链等装饰性配饰。加入铜可以使黄金呈现出红色，是制作固定长度手链以及手表链常用的 K 金材料，而 15K 和 18K 的黄金用于质量更好的宝石镶嵌首饰中。

19 世纪末活跃的著名首饰匠是埃德温·斯特里特（Edwin Streeter），他在新邦德大街（New Bond Street）18 号的业务非常广泛，涉及钻石、镶嵌首饰以及其他配件（见本书第 66~67 页插图）。与传统、实用的订婚戒指、半圈镶嵌手镯一样，斯特里特的许多饰品迎合了公众表达情感的需要，他的戒指和胸针都设计成心形、蝴蝶结形、爱情结形、马蹄铁形以及三叶草形等。在维多利亚时期，运动和娱乐在人们的生活中扮演着越来越重要的角色。高尔夫、钓鱼、自行车、打猎以及赛马等娱乐消费的兴起，催生了许多新奇主题的饰品，如镶嵌钻石或者装饰珐琅的胸针、领带别针，另外还有轮子能转的自行车、高尔夫球棒形的胸针上面镶一颗珍珠做成球的样子、带有珐琅赛马骑士的胸针以及镶嵌钻石的小提琴等。

055

19 世纪 80 年代到 19 世纪末流行的首饰类型

戒指

"半圈镶"金戒指。在金属上雕刻出镶嵌结构，然后沿戒圈并排镶嵌三五颗或者更多颗钻石的戒指，有时使用彩色宝石，包括红蓝宝石、半圆珍珠、珊瑚、绿松石或者欧泊。

宽版戒指。在表面抛光的戒圈上使用吉卜赛镶嵌方式镶嵌一颗钻石或者本地宝石；环绕式群镶戒指是由一颗中间的主石和 8~12 颗环绕的小配石组成。

"扭臂交叉"戒指。在交叉的位置镶嵌两颗或多颗宝石。代表情感的"王冠和心"戒指都使用底部镂空的方法在金或银上镶嵌宝石。

胸针

维多利亚时期晚期的胸针主要包括那些镶嵌钻石或者红蓝宝石等彩色宝石的胸针，这些宝石都使用"筒夹镶嵌"的方法镶嵌在黄金或者底部镂空的银质镶石座上，镶嵌的配石一般为玫瑰切工的钻石。新月形的胸针经常镶嵌一排渐变的垫形宝石，然后使用玫瑰切工的小钻来点缀。许多标准设计如旭日、星形和花卉形饰品经常与玳瑁梳子组合，这些饰品大都是将胸针的别针拆下之后，使用螺丝从背后固定到玳瑁上制成。

维多利亚时期镶嵌祖母绿和钻石的戒指。宝石镶嵌使用吉卜赛镶嵌方式，约 1900 年。威力士拍卖行

维多利亚时期的双蛇黄金戒指，镶嵌两颗老矿切工的钻石，约 1880 年。威力士拍卖行

半圈镶戒指，镶嵌 5 颗大小渐变的钻石，这是维多利亚时期的经典样式。宝石经常使用铲钉镶嵌的方式，5 颗钻石之间再点缀一些小颗粒玫瑰切工的钻石。威力士拍卖行

镶嵌钻石和蓝宝石的半圈镶戒指。威力士拍卖行

蓝宝石戒指，外围环绕蓝宝石镶嵌一圈钻石，18K 黄金，约 1885 年。威力士拍卖行

猎人骑马和奔跑的狐狸胸针，猎人装饰珐琅，狐狸和马全身镶满钻石，约 1890 年。这些漂亮的胸针巧妙地将人们当时流行且富有激情的运动，如打猎、骑自行车、钓鱼和高尔夫等场景制作成首饰。本特利和斯金纳公司

条形胸针，镶嵌红宝石和钻石，两端镶嵌珍珠，约 1895 年。威力士拍卖行

镶满宝石的赛马和狐狸头胸针，约 1890 年。

英国菱形 15K 黄金胸针，镶嵌半圆珍珠和钻石，约 1885 年。简单的片形和条形胸针在 19 世纪末非常流行，大都使用最廉价、最基础的 9K 金作为材料，镶嵌的宝石有石榴石、橄榄石以及铅玻璃。

镶嵌钻石的花卉形头冠，英国，约 1880 年。与维多利亚时期的很多头冠、王冠一样，这些组件可以拆解成多枚胸针，如果饰品带有原装的盒子，那再好不过了。 威力士拍卖行

麦穗和花形的镶钻胸针，英国，约 1890 年。威力士拍卖行

镶嵌钻石的星形胸针，约 1890 年。星形、新月形以及花卉形是维多利亚时期胸针设计的主要样式。这一时期的胸针大都在表面镀铑，以增强"现代"感，但这样却降低了饰品的收藏价值。威力士拍卖行

主要的胸针设计

"天体"主题胸针，包括镶嵌钻石的星星、旭日、新月等，镶嵌底座有开放式的，也有封闭式的。

 花朵、瀑布、雏菊花簇以及叶子形状的胸针。

蝴蝶结形、丝带形胸针。

环形靶以及镶嵌钻石的马蹄铁形胸针。

镶嵌钻石的蝴蝶形胸针，同时镶嵌成行的红宝石、蓝宝石或者珍珠作为对比。

蜻蜓形的胸针，翅膀经常镶嵌各种打磨成片形的宝石，如欧泊、紫水晶等。

蜥蜴形胸针，经常镶嵌欧泊、祖母绿或者翠榴石。

新奇的胸针设计

这种胸针主题广泛，包含运动和娱乐等多种主题，从高尔夫、钓鱼到宠物、乐器、火车头甚至恋尸癖性质的珐琅"骷髅"领带别针。

大众消费的胸针设计

这一系列包括大量简洁的 9K、15K 黄金胸针，这类胸针经常镶嵌半圆珍珠以及石榴石、紫水晶、海蓝宝石、橄榄石等彩色宝石。设计样式从基本的涡卷形、花朵形、三叶草形以及星形，到精致的花束、飞翔的燕子、山谷中的百合或者野玫瑰，大都镶嵌半圆珍珠、各种宝石或者装饰珐琅。

057

项链与耳坠，镶嵌钻石和来自东方的珍珠，约1900年。在19世纪末珍珠和钻石是流行组合。金银双色镶嵌也是这一时期的典型组合。威力士拍卖行

花卉胸针，可能出自土耳其，约1890年。19世纪的东欧和东方地区的首饰经常使用这种底部贴箔的粗加工钻石。

镶嵌钻石和其他宝石的大象形胸针，约1895年。本特利和斯金纳公司

维多利亚时期晚期新奇的昆虫胸针。非常有创意地应用钻石和彩色宝石，使得这件"昆虫胸针"非常值得收藏。威力士拍卖行

情感主题胸针，包括两颗联结的心形、情人结形和马蹄铁形。

昆虫类的胸针有蜘蛛、苍蝇、甲虫等造型，镶嵌在简单的条形结构上。

条形胸针通常镶嵌一排钻石或者半宝石。

吊坠盒以及吊坠

吊坠盒在19世纪80~90年代非常流行，从适合各种贴颈链的大件精致的金银作品，到圆形、椭圆形、心形的全金质或者带有其他金属衬里的小款饰品都应有尽有。许多吊坠盒刻有代表情感的短句，如"尊敬的"或者雕刻使用者的字母组合图案。中等大小的吊坠盒经常装饰镶嵌宝石的星形或者双马蹄铁形纹饰，更高档的经常镶满半圆珍珠、钻石或者绿松石。镶嵌钻石并且有水晶后盖的心形吊坠盒在当时是经典的产品。另外，也使用那些廉价但很出效果的材料，如煤玉、泥炭栎、镀金材料以及炮铜。

这一时期的吊坠与胸针样式一致，经常是一成不变的自然涡卷纹饰，并且镶嵌常见的"标配"式宝石，如半圆珍珠、石榴石、海蓝宝石、橄榄石等。在世纪之交有一种非常具有代表性的饰品称为"不整齐吊坠"（negligée pendant），这种吊坠的底部使用长金属条或者链条垂坠两颗不等长的宝石或者花饰。

项链

19世纪晚期是钻石细流项链的时代，这是一种整体呈线形的项链，由30~40颗渐变的明亮切工钻石经过简单镶嵌组合而成。这一时期钻石的供应非常丰富，钻石经常镶嵌在像流苏项链（fringe necklace）这种重复造型的首饰上。流苏项链是一种带有流苏的项链，流苏由一串串渐变的矛形、花卉

三件世纪之交时期的胸针、吊坠两用饰品，镶嵌半圆珍珠和宝石。既漂亮又有多种功能，这种首饰经常使用9K黄金。流行的宝石包括橄榄石、石榴石和海蓝宝石。便宜的复制品经常镶嵌仿制珍珠和铅玻璃等。

英国黄金吊坠盒，约1880年。大面积雕刻花纹，并铭刻"尊敬的"（Regard）短句，是这一时期情感首饰的代表作品。

使用花瓣形状作为链节的项链，上面镶嵌绿松石和半圆珍珠，约 1895 年。威力士拍卖行

带有心形吊坠的项链，15K 黄金，镶嵌珍珠，约 1895 年。威力士拍卖行

形或者水滴形坠饰组成，这些流苏的顶端固定在镶嵌钻石的装饰结构上。

大众消费的项链也带有流苏，一般使用水滴形的水晶、月光石、石榴石、橄榄石以及柠檬晶等宝石镶嵌在金或银的材质上。镶嵌珍珠的 15K 金项链是常用的款式，直到今天仍能见到。9K 的黄金项链经常"豪华"地镶嵌一

排廉价的半宝石，而印度紫水晶、红宝石和柠檬晶项链底部都垂坠了一系列由米粒珠编织而成的渐变流苏。在 19 世纪末普通的金银项链依然有人佩戴，大多数 9K 的链条都有"隐秘"链扣来保护链条，以减少磨损。怀表链上经常坠有小挂表、吊坠盒或者浮雕印章等物品。

062

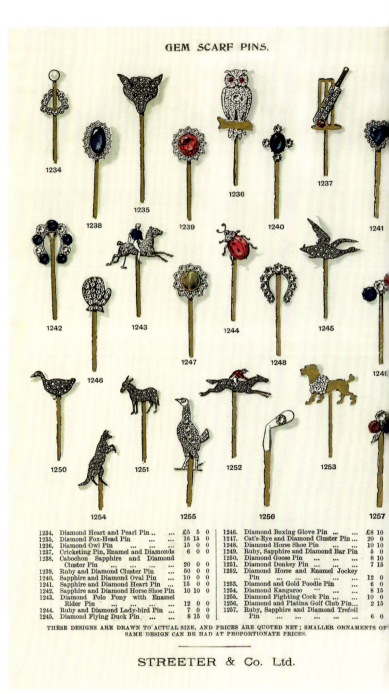

伦敦埃德温・W. 斯特里特所著《宝石》（*Gems*）一书中的 6 页插图。

060

耳坠

耳坠的设计大致与戒指一致，使用爪镶的方式镶嵌一颗单独的钻石或者中间镶嵌一颗彩色宝石、钻石，再在周围环绕镶嵌一圈小钻石。

一对钻石耳钉，维多利亚时期晚期的垫形老矿切工钻石，20 世纪 50 年代重新镶嵌。威力士拍卖行

一对耳坠，镶嵌东方珍珠和钻石，约 1890 年。威力士拍卖行

手镯与手链

设计样式与戒指类似，如镶嵌大小渐变的钻石或者彩宝石的"半圈"镶嵌样式。平圈金手镯在侧面安装铰链，手镯的中部装饰花卉、马蹄铁或者两个缠绕的心形图案。廉价的 9K 黄金手镯非常流行，镶嵌廉价的合成宝石以及粉红色的碎钻。宽边的金银手镯装饰大量的花卉、鸟类以及涡卷形图案，这些图案也延伸到搭扣和皮带的设计中。

手链的设计大都采用重复链节的样式，镶嵌绿松石、半圆珍珠、欧泊和紫水晶之类的宝石。这个时期俄国手链一般由 14K 红、白、黄三色金属组合而成，手链底部坠有蛋形或者宗教性的小型装饰品。

镶嵌东方珍珠的手镯，约 1895 年。在维多利亚时期晚期首饰中经常使用的是扁平的珍珠，有点像纽扣。威力士拍卖行

　　带铰链的手镯，镶嵌钻石，约1885年。这种称为"三圈环"设计，大都镶嵌成排的红宝石、蓝宝石以及钻石，用来代表英联邦旗帜的颜色，这种设计与礼服、戒指一样起到相同的装饰效果。威力士拍卖行

　　维多利亚时期的扭臂交叉手镯，镶嵌蓝宝石和钻石，带有铰链，约1895年。威力士拍卖行

拓展阅读

Understanding Jewellery, David Bennett and Daniela Mascetti (Antique Collector's Club).

The Art of the Jeweller: A Catalogue of the Hull Grundy Gift to the British Museum
　(British Museum Publications Ltd.).

English Victorian Jewellery, Ernle Bradford (Country Life).

Victorian Jewellery, Margaret Flower (Cassell).

Antique and 20th Century Jewellery, Vivienne Becker (NAG Press).

第四章

珐 琅

珐琅是一种硅酸盐玻璃和金属氧化物的混合物，经高温加热后可以熔结在金属的表面。珐琅的功能强大，有很强的视觉装饰效果，尤其搭配钻石及其他宝石的时候效果会更佳。事实上，16~17世纪时由于宝石加工技术不成熟，难以切割和抛光，珐琅一度成为宝石的替代品。

珐琅在19世纪的珠宝首饰中得到了广泛的应用，不仅是维多利亚时期中期自然造型吊坠、手链、胸针等首饰经常用到的表面装饰方法，也是蛇形项链、手镯等镶嵌首饰的常用装饰工艺，蓝色珐琅是钻石、红宝石以及半圆珍珠的绝美搭配。珊瑚首饰经常衬在绿色、蓝色以及黑色的珐琅之中，而黑色珐琅很容易与悼念首饰联系到一起，并且很少会关联到其他用途。

从纯技术的层面来说，19世纪末的珐琅工艺已经发展到顶峰，这时法贝热、卡地亚和新艺术运动时期的玻璃大师拉利克都展现出前所未有的精湛技艺。

中世纪时期有很多珐琅工艺方法，但今天已经很少见到，更不用说从学术的角度去描述它们了。古董首饰中的常见珐琅工艺有以下几种。

17世纪早期带有宽金边的珐琅胸针，内容是"天使报喜"（Annunciation）。这是一件品相很好的浅浮雕珐琅作品，在浅浮雕表面应用了漂亮的透明珐琅。桑德拉·柯南

绘有乔治和龙的珐琅胸针，约1630年。不透明的白色珐琅经常被称作"email en blanc"。另外一件作品是本书第42页中间的插图。桑德拉·柯南

16 世纪镶嵌宝石的戒指，带有精美的珐琅装饰，1550~1600 年。人物表面的"三维"珐琅施釉技术称为罩壳珐琅或者"émail enronde bosse"。

吊坠，装饰有"剑桥蓝"珐琅、半圆珍珠和钻石，1865~1870年。星形被周围的珐琅"淹没"，这种作品往往还有一只匹配的手镯或者一对耳坠。

装饰珐琅和钻石的纪念首饰，珐琅是上好的"皇家蓝"，为纪念 1820 年乔治四世（George Ⅳ）加冕制作。

首饰匠法力兹制作的一对金组扣，使用掐丝珐琅的方法装饰了一对具有日本风格的小鸟，约 1870 年。

掐丝珐琅

使用金、银或者其他金属的扁丝在金属器物的表面焊接成多个单独的"装饰隔间"，即我们所说的掐丝。将每个空间中填满粉状的珐琅进行烧制，冷却后进行抛光。掐丝珐琅在中国和日本经常用来制作花瓶之类的大型器物。这项技术由法国工匠亚历克斯·法力兹（Alexis Falize，1811~1898 年）和他的儿子卢西恩（Lucien，1838~1897 年）复原，他们制作了很多彩色吊坠、吊坠盒、手链等饰品，饰品上都描绘了具有东方特色的动物、鸟类、花朵等纹饰。

内填珐琅

内填珐琅的工艺方法与掐丝珐琅相反，根据需要的图案在器物的表面雕刻出各种的小空间，然后填入彩色珐琅，经过烧制后打磨抛光。内填珐琅是一种古老的工艺技术，在 19 世纪新文艺复兴风格的首饰中一度辉煌，我们所知

065

内填珐琅制作的"霍尔拜因式吊坠"，镶嵌有弧面石榴石和贵橄榄石，约1875年。这些文艺复兴风格首饰的背面都装饰了大量的花卉图案。

一只印度手镯，镶满彩色宝石并装饰花叶珐琅，1800~1850年。印度珐琅装饰非常精致，经常描绘大象、孔雀以及花卉等主题。私人收藏；布里奇曼艺术图书馆

珍珠花叶形吊坠，装饰哑光半透明的粉红色、绿色珐琅，约1880年。本特利和斯金纳公司

的霍尔拜因式首饰就是在彩色珐琅装饰的框架上再镶嵌石榴石、贵橄榄石等彩色宝石。

平铺珐琅

在烟盒或者相框等大型器物的表面平铺一层或多层珐琅，这些珐琅都需要单独烧制，一种颜色冷却后再烧制其他颜色。平铺珐琅技术非常复杂，比较差的作品表面经常不平整或者内部含有小气泡。

玑镂珐琅

在刻有精细几何纹饰的金属表面烧制一层透明珐琅，这些纹饰有旭日、水波纹等样式。法贝热尤其精通这项技术，他可以使用这项技术制作出袖扣等小饰物，也可以

卡地亚水晶壁炉钟，在黄金表盘中间使用了透明的玑镂珐琅，外围使用不透明的白色珐琅，约1915年。和法贝热一样，卡地亚也善于在刻纹的金属表面上使用彩色珐琅。

066

制作出帝国复活节彩蛋（Imperial Easter egg）这样的大型饰品。

画珐琅

画珐琅是一种早期的装饰方法，经常在铜片上完成。每一层颜色都是绘制后单独烧制，有时会使用金属箔片来增强设计效果。

背烧珐琅

在饰品的背面烧制一层加固用的珐琅。17世纪德国、英国吊坠盒反面经常烧制天蓝色珐琅。

瑞士珐琅

在18~19世纪的胸针和手镯中非常流行。"日内瓦"（Geneva）珐琅大都绘制

阿尔卑斯山的风景或者身穿瑞士民族服装的女孩。这些肖像绘制都非常专业，但是需要注意的是，这种珐琅经常会开裂并露出铜质的底面，损坏的瑞士珐琅是非常难以修复的。

利摩日珐琅（Limoges enamel）的颜色鲜艳，受中世纪和文艺复兴文化的影响，主题大都描绘圣女贞德（Joan of Arc）或是身穿都铎王朝服装的贵妇。

画珐琅十字架，镶嵌桌式切工钻石。这个时期英国、德国珐琅首饰的背面经常使用天蓝色或白色珐琅。

瑞士珐琅制作的黄金胸针，约1850年。日内瓦湖（Lake Geneva）的宁静风景和穿着民族服装的少女是19世纪早期到中期纪念胸针的典型主题，有时在这些胸针的背面会发现斑点。这类首饰对存放条件要求很高，因为一旦出现碎裂就无法修复。格雷斯RBR集团

镂空珐琅（透珐琅）

镂空珐琅是与新艺术运动首饰密切相关的珐琅工艺。烧制珐琅的镂孔都没有金属底，光线可以从中穿过。珐琅扮演了一个彩色玻璃窗的角色，是制作自然风格吊坠理想的工艺载体，尤其是制作色彩丰富的花朵或者蜻蜓胸针时，可以用各种色调的釉料填充到昆虫翅膀的镂空格子中。

装饰镂空珐琅并镶嵌钻石的胸针，约 1900 年。

拓展阅读

The Art of the Jeweller: A Catalogue of the Hull Grundy Gift to the British Museum (British Museum Publications Ltd.).

Jewellery – The International Era 1789-1910, Shirley Bury (Antique Collectors' Club).

Jewelry & Metalwork in the Arts and Crafts Tradition, Elyse Zorn Karlin (Schiffer Publishing Ltd.).

第五章

钻石仿制品以及 18 世纪 50 年代到 20 世纪 30 年代的铅玻璃首饰

古董铅玻璃首饰特别是 19 世纪生产的铅玻璃首饰原本是一种常见的产品，没有收藏价值。然而在 20 世纪 70 年代，M.D.S. 刘易斯（M.D.S. Lewis）出版的关于购买铅玻璃首饰的优秀著作获得了大量的信众，这些收藏者突然涌向那些漂亮的乔治王时期的纽扣、花卉胸针和经典的头冠，而在此之前这些饰品价格都低于 100 英镑。今天，一条镶嵌有完美的蓝色（海蓝宝石的蓝色）和绿色（祖母绿的绿色）贴箔刻面铅玻璃的"安妮皇后"（Queen Anne）项链可以轻松地卖到 2000 英镑。这就是古董铅玻璃首饰的魅力所在。这些宝石并不单纯作为宝石的替代品，而应该真正接受的是，这些优雅、精心制作的首饰，集合了各种奇特的工艺方法和多功能的佩戴方式，不仅创造了那个时代，也成为那个时代的装饰象征。

在古代，玻璃很早就应用于装饰品。有时会在罗马戒指上镶嵌一块很小的彩色玻璃片，早期撒克逊起源的胸针经常装饰玻璃的碎片，或者进一步用珐琅作为装饰。这些玻璃比较脆弱而且很容易磨损，表面经常带有擦痕和不怎么讨人喜欢的光泽。直到 17 世纪一个名为乔治·雷文斯克罗夫特（George Ravenscoroft）的英国人开始尝试使用新的配方燧石、钾碱、铅的氧化物来制造"铅玻璃"，这是一种有光泽而且可以像宝石一样切割的新材料。真正具有开拓性的先驱是乔杰斯·弗里德里克·斯特拉斯 (Georges Frederic Strass，1701~1773 年)，他是一名巴黎首饰工匠，深刻地影响了 18 世纪日常首饰的设计风格。

像雷文斯克罗夫特一样，斯特拉斯尝试使用铅晶玻璃来制作镶嵌到银饰上的"钻石"，使其呈现出的效果接近真正的宝石效果，从而成为宝石的替代品。而斯特拉斯成功的关键是将这些称作"假宝石"的材料推销到了法国王室和波旁王朝的宫廷。很快这种新产品变成必不可少的时尚，因为在充满犯罪的社会中展示真正的宝石是非常危险的。斯特拉斯生产的铅玻璃硬度不大，可以切割成各种形状去适应多种轮廓造型。这些垫形、圆形、水滴形的铅玻璃使用完全封闭的镶石座镶嵌到银或者银镀金材料当中。在 18 世纪的首饰中，经常将铅玻璃的底部贴上锡箔以增加宝石的闪光，有时还会在锡箔的表面装饰一点黄金碎片或者黄金的珠粒来增强闪光效果。

耳坠，镶有贴箔的绿色铅玻璃和无色铅玻璃，约1740年。这件饰品很少见，值得收藏。早期铅玻璃主要镶嵌在镀金材料上。桑德拉·柯南

18世纪中晚期花形群镶胸针，镶嵌贴箔的红色铅玻璃和无色铅玻璃。很少见的颜色组合方式，这样的设计今天可以卖个好价钱。戴安娜·弗雷

镶有无色铅玻璃的马耳他十字胸针，英国，18世纪晚期。

银质胸针，这是英国无色铅玻璃首饰中的精品，带有作为"圣灵"（Saint Espri）的鸽子形吊坠。这件优雅的首饰总长度为7英寸（约17.78厘米）。威力士拍卖行

左上方是一枚 18 世纪末 19 世纪初的旭日形银质胸针，镶嵌欧泊铅玻璃和无色铅玻璃。右下方是一枚双主石的胸针，主石周围环绕镶嵌无色铅玻璃。玻璃在冷却过程中各种氧化物分离可以形成乳白色的外观。底部贴附玫瑰色锡箔纸可以取得欧泊的效果。帕特·诺维西西莫

两枚"安妮皇后"样式的胸针，镶嵌蓝色、红色铅玻璃。注意两颗石头在不同的胸针上面显示出不同的尺寸特征。帕特·诺维西西莫

　　法国铅玻璃首饰与钻石首饰遵从同样的时尚样式，如塞维尼（sévigné）蝴蝶结形、多枝吊灯样式的水滴形、羽毛形、花朵以及蝴蝶形。而英国铅玻璃首饰风格却相对简单、粗糙。18 世纪在钻石和铅玻璃胸针中常见的主题有六瓣花、马耳他十字架、弯曲的羽毛形以及迄今为止还经常见到的简洁的叶子造型。18 世纪晚期，无论是法国还是英国，其戒指都遵循经典设计，镶嵌大块的八角形或者橄榄形玻璃片，在金属镶边中再装饰皇家蓝的珐琅。耳坠的造型比较有趣，在平面金属托上镶嵌两块不等大的铅玻璃，后面附带粗大的钩子。在 18 世纪的中晚期或许最值得佩戴的铅玻璃首饰是"筒夹镶嵌"的项链，这种项链在镀金材料上镶嵌渐变的垫形宝石，每颗铅玻璃都带有完整的刻面，底部贴

上金属箔片。这一时期的首饰经常使用标准的颜色去模仿真正的宝石，如像祖母绿一样的绿色、像红宝石一样的红色。有一个品种特别突出，它被称为"欧泊铅玻璃"，这种粉蓝色的材料再加上粉色的贴箔与闪烁的无色铅玻璃成为这一时期饰品中的最佳搭配，大量应用在项链、耳坠、纽扣和胸针中。

　　总体来说，19 世纪铅玻璃首饰的样式不如 18 世纪那样优雅、精致、"致密"。项链、胸针和吊坠经常显得非常廉价、浮华，尤其是当铅玻璃全部被打磨成整齐划一的样式和尺寸，镶嵌到一起来模仿钻石的时候就显得相当乏味了。变化最大的是镶嵌方式，或者说缺乏变化，19 世纪时，镶嵌铅玻璃的镶石座开始镂空，宝石可以通过更多的光线，贴箔的方法显得有点多余，同时导致了另一个

19世纪晚期20世纪初的法国铅玻璃手链、吊坠和胸针。一般都镶嵌在银质材料上，经常会遇到个别铅玻璃宝石缺失的情况。

19 世纪晚期镶嵌无色法国铅玻璃的耳坠和镶嵌无色铅玻璃及仿制"珍珠"的项链，约 1885 年。做工优良的铅玻璃饰品制作成与钻石首饰相同的款式，这条项链还可以作为头冠使用。 私人收藏

变化——黄金开始大方地应用在首饰中。

19 世纪的铅玻璃首饰如胸针、王冠、头饰以及项链都忠实地复制了钻石首饰的样式。笨重的"筒夹镶嵌"逐渐被轻便的"珠钉"镶嵌法（millegrain setting）代替，19 世纪 40 年代之后个别的铅玻璃被"银化"成为永久闪亮的材料。随着时代的进步，铅玻璃首饰功能变得更加丰富、多样，大量廉价、漂亮的银质吊坠，以花卉、鸟类、动物、昆虫、爬行动物为主题的胸针，以及群镶的项链、梳子等饰品被统称为"法国铅玻璃首饰"。坦率地说，这些首饰大多数都非常廉价、令人满意，但是也非常容易损坏。

20 世纪初的铅玻璃首饰是非常优雅、漂亮的，尤其是美好时代的吊坠和胸针设计，这时对钻石首饰的模仿可以说是惟妙惟肖。20 世纪 30 年代，双层的铅玻璃镶嵌在高抛光的、像镀铬材料一样光亮的结构上，或者镶嵌在模仿高档珠宝首饰造型的几何形手链、项链上，展示了高档时装首饰的风范。尤其是一些法国工匠使用切工非常好的贴箔铅玻璃制成模仿红、蓝宝石的首饰，用料非常大胆，作品风格也轻松自如。

071

沃克斯豪尔玻璃

著名的"镜面铅玻璃"，这是一种引人注目的铅玻璃品种，在 18 世纪和 19 世纪的早期到中期非常流行，它起源于伦敦的沃克斯豪尔玻璃工作室（Vauxhall Glass Works），经常用高反光的玻璃镶嵌成花朵、星形等自然造型，这些饰品一般使用普通金属材料，制成的饰品有吊坠、耳坠、戒指和王冠等。

沃克斯豪尔玻璃胸针、别针、耳坠。这组首饰颜色独特，特别是绿色和蓝色，非常值得收藏。帕特·诺维西西莫

拓展阅读

Antique Paste Jewellery, M.D.S. Lewis (Boston Book and Art Publisher, USA).

第 六 章

死亡产业：
"死亡提示"首饰和悼念首饰

在收藏过程中，我们会遇到一种常见的古董首饰，这就是维多利亚时期使用镀金材料制作并装饰黑色珐琅的胸针，上面经常刻有"永久怀念"（In Memory Of）的短语。这种首饰中间的暗盒中会保存一缕头发，首饰的背面经常会刻上逝者的名字，表示他们早已远去，要悲痛地忘却。

今天看来，将逝者的头发放入胸针或者戒指中显得有点难以理解，即使逝者是心爱的人，这听起来也有点古怪。然而350年以来佩戴这种首饰的习惯在英国持续流行，不但富有情感，而且代表虔诚的信仰。里程碑式的事件有：查理一世（Charles I）的处决、纳尔逊（Nelson）之死，尤其是阿尔伯特亲王的早逝，这个巨大的不幸使得维多利亚女王身陷40年的哀悼，所有这些事件也加剧了人们对"死亡产业"的偏好。

17 世纪

这个时期充斥着疾病、瘟疫，婴儿死亡率居高不下，战争频发，加上营养不良使得一个人能够活到40岁已经是很罕见的了，于是将几只有代表性的戒指作为纪念品传给后人来纪念主要的先辈们成为重要的习俗。

生前越显赫的人制作和分发的戒指越多。所以当查理一世在1649年被处死的时候，那些保王党人支持者为纪念他制造了大量的手链滑扣、吊坠和戒指，这些饰品都统一使用了国王的肖像，有一些还在肖像上面覆盖了透明的水晶。

无法回避的死亡被概括为"记住你总有一天会离去"（Remember that you must die），拉丁语的版本非常流行，即Memento Mori。17世纪时这种死亡提示首饰是非常阴森恐怖的。有一种典型的、佩戴在黑色天鹅绒上的手链滑扣，由头发做成的底衬上放着一口微型棺材或者斜躺着一个装饰黑白色珐琅的骷髅，旁边还经常装饰象征性的纪念物品如沙漏或者掘墓人的铲子。手链滑扣的背后经常铭刻简单的悼念短句或者逝者的死亡日期。不知道有没有人将人的皮肤放进这种特制的盒子里，显然这种首饰会是纯粹主义者的象征。斯图亚特悼念戒指也遵从这种设计样式，使用珐琅装饰的头骨，眼眶中镶嵌钻石，底下还有两根交叉的骨头，或者将戒圈制作成拉长的骷髅形。

072

纪念查理一世的小型肖像纪念首饰，约1650年。1649年国王被处死后，保王党的支持者们得到了很多带有肖像的黄金手链滑扣，有的里面还带有头发。

由黄金和水晶制作的手链滑扣，里面有一个衬在头发上的珐琅骷髅，约1683年。这种风格的首饰并不适合每个人的口味，但是残酷、清楚地提醒我们生命是有时间限制的。伦敦博物馆

镶嵌钻石并装饰珐琅的骷髅戒指，17世纪中期。伦敦博物馆

黄金悼念戒指，装饰白色珐琅，约1740年。骨架被延长环绕整个戒圈。白色珐琅意味着逝者未婚。伦敦博物馆

带有观察窗的黄金戒指，内部有一个微型的珐琅骨架，旁边装饰长柄镰刀和沙漏图案，约1720年。这是一件很好的死亡提示首饰，戒指两侧装饰两个小型的颅骨造型。伦敦博物馆

18 世纪

随着时间的推移，早期那种生硬的、符号性的死亡提示首饰逐渐被优雅温和的首饰代替，在 18 世纪末，一系列更美观的悼念首饰成为无助和多愁善感的终极表达。

18 世纪早期的戒指仍然装饰黑白色珐琅，带有一个小的水晶观察窗，人们开始在吊坠和手链滑扣的心形的边框上镶嵌各类宝石，如钻石、石榴石、红宝石等。18 世纪 50 年代以后，佩戴白色珐琅的饰品暗示逝者是未婚的，盘绕成一圈咬自己尾巴的蛇表示永恒的爱情。18 世纪中后期，悼念戒指设计成带有涡卷花纹的样式，然后用珐琅装饰逝者的名字、生卒日期等信息并使用大写字母凸显出来。

到 18 世纪末，悼念首饰特别是胸针和吊坠变得非常浪漫，这些首饰框架都非常简洁、平整，造型都具有新古典主义的特征，大都为八角形、鱼雷形（两端都是尖形）或者椭圆形。悲伤但不残酷，这些吊坠盒的玻璃观察窗内装有一张小图画，图画描绘的是一个悲痛欲绝的妇人拜倒在带有底座的骨灰瓮旁边，上面刻有"没有失去，但是先走一步"（Not Lost But Gone Before）或者"与耶稣共眠"（Asleep With Jesus）的短句。用头发制成的一棵垂柳树浮现在底衬上，同时装饰非常细小的玻璃珠以表示眼泪。高端的饰品都使用珐琅装饰花边，偶尔镶嵌钻石。质量上乘的戒指里面还会有一个满镶钻石的经典骨灰瓮放置在头发做的底衬上。

073

18 世纪晚期新古典主义葬礼戒指，装饰骨灰瓮和象征性的"垂柳"纹饰。英国，约 1785 年。

18 世纪晚期的"情感"悼念首饰——手链滑扣。使用暗棕色颜料精细绘制，前景图片点缀在头发制成的底衬上。两端成排的小孔显示这件饰品原先可能是安装在一件由多排小珍珠穿制的手链上。

18 世纪晚期的"情感"头发首饰。今天非常常见，这种首饰带有强烈的新古典主义气息。

18 世纪晚期或 19 世纪早期带有眼睛微绘的黄金胸针。"眼泪"首饰是一种非常值得收藏的饰品，因为它是无限变化中的一个独立主题。注意这条盘绕的蛇象征着永恒。伦敦博物馆

在这一时期，另外一种有趣的作品是"眼泪"首饰，这种首饰使用象牙为底制作成小型的手链滑扣或者胸针，在象牙上面微绘一只带有一滴眼泪的眼睛。这种首饰非常迷人也非常值得收藏。

19 世纪

19 世纪早期，悼念戒指演变成带有黑白珐琅圈环和铭文的宽边戒指，同时受浪漫主义的影响在黄金质的盒式戒指上镶嵌一些像征眼泪的半圆珍珠、煤玉或者法国煤玉（带有刻面的黑色玻璃）。19 世纪悼念首饰大量普及，头发（始终不变的原料）制作的饰品成为主流的饰品样式，并且非常具有收藏性。那些属于帝王（例如乔治三世、乔治四世）、战争英雄（特别是纳尔逊、威灵顿或者拿破仑）、政客、演员和知名作家的饰品会获得更好的价格，饰品的保存状态也是一个重要的评估依据。

维多利亚女王执政时期生产了大量悼念首饰，这些首饰太富有浪漫情怀以至于偏离了它的真实用途。刻板的死亡标志完全消失，取而代之的是精心制作的羽毛状头发，这些

一对珐琅金戒指，纪念斯宾塞·珀西瓦尔（Spencer Perceval）在 1812 年 5 月 11 日被暗杀。

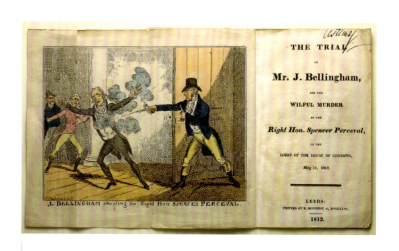

乔治·克瑞克珊克（George Cruikshank）制作的一幅彩色版画，描绘了谋杀场面。斯宾塞·珀西瓦尔被谋杀时是英国首相。政治性的大事件、暴力的结局以及戒指完美的品相使得这对戒指的售价可以达到几千英镑。

里拉琴样式的黄金胸针，维多利亚时期早期，带有头发编织的结构，约1840年。

维多利亚时期早期黄金耳坠，镶嵌精心编制的球状发丝，约1840年。

头发使用金丝捆绑起来固定在洛可可风格的黄金框架上，然后在边缘装饰半圆珍珠。很多胸针使用廉价的镀金材料制作并装饰黑色珐琅，这些首饰非常容易损坏，而且不具备保存价值。直到今天，很多维多利亚时期的悼念胸针都非常廉价，而且唾手可得。

　　在19世纪40~50年代出现了一种时尚饰品，即将头发精心编制后分成多股，制作成适合耳坠造型的"空心球"形，或者制作成适合胸针造型的"管形"。头发的结实程度出乎你的意料，如今找到一件由头发和黄金组合而成的首饰还是有可能的。不幸的是，那些无良的珠宝商使用既易得又丰富的马鬃材料制作这些首饰，马鬃制作的首饰与毛发制作的首饰是有明显区别的，偶尔会出现在今天的市场中，如一些精致的项链和手镯，这些饰品一般都染成白色或者珊瑚红色。

　　与悼念首饰关联最密切的材料当然是煤玉了。1861年阿尔伯特亲王逝世后，坐落于北约克郡海岸的惠特比生产了大量的浮雕

镶嵌缟玛瑙的黄金悼念胸针，边框上是用黑色珐琅装饰的希腊钥匙纹图案。

075

同一胸针的背面，铭刻文字，标识时间为1876年。

胸针、项链、手链，这些由许多小店制作的
饰品迅速迎合了公众的需求。产品种类多样，
技艺娴熟，直到今天在惠特比仍然有很多专
业的煤玉制作小店。手艺人的制作技能和作
品的质量能够直接影响其价格，所以一些早
期的作品，如精心制作的项链或者浮雕胸针
可以卖到几百英镑。

维多利亚女王过世后的 40 年里，人们
希望过一种轻松、淡泊的生活，那种对悼念
首饰的英国式热情似乎在一夜之间完全蒸发，
甚至很难想象它曾经兴盛过。

法国煤玉制作的酒神女祭司胸针，约 1870 年。日
本秋叶博物馆

拓展阅读

Antique and 20th Century Jewellery, Vivienne Becker (NAG Press).

Jewellery in Britain 1066-1837, Diana Scarisbrick (Michael Russell Publishing Ltd.).

Jet Jewellery and Ornaments, Helen Muller (Shire Publications Ltd.).

第 七 章

浮雕与凹雕

必须指出的是，从我在伦敦布鲁姆斯伯里区大英博物馆旁边的这家称为"雕刻之角"的古董首饰商店中开启我的职业生涯之时，我就在这个领域内感受到了无与伦比的亲和力。首先，列出两个名词的定义：

浮雕是通过减少背景来突出主题的雕刻；而凹雕的主题则是采用阴刻的方法刻入宝石获得的雕刻作品。

这是基于技术层面的描述，但是浮雕和凹雕还有一个非常重要的区别：前者在视觉上非常引人注目，适合佩戴；后者更加微妙、低调精细的做工通常更能吸引专业收藏者。

浮 雕

现阶段市场上能见到的绝大多数浮雕作品是 19 世纪的作品，或者更晚一些。罗马浮雕戒指非常稀有，偶尔会出现在专业的古董拍卖会上，文艺复兴时期的浮雕更加稀有、难以辨别，而且经常有缺陷。18 世纪的浮雕非常常见但是制作时间容易误判，它们的镶嵌结构却可以帮助我们做出精确的判断。

保存状况是衡量浮雕价值的全部内容，这意味着它们肯定会有磨损或者起皮。今天我们经常看到的材料都是质地很软，容易断裂、破碎或者在日常佩戴过程中容易磨损的有机材料，所以表面经常会变得模糊不清。一件上面雕刻有可爱的女士侧面像并且没有磨损的浮雕，如果还镶嵌在完整的黄金框架上，这样的浮雕可以获得一个很可观的价格。相反，一件陈旧的、裂开的浮雕镶嵌在已经修复过的框架上就没有多少价值。

077

贝壳浮雕

早在 16 世纪，首饰中就已经发现贝壳浮雕工艺的踪迹，但是绝大多数的贝壳浮雕首饰出现在 19 世纪或者更晚。这个产业首先出现在西西里，然后传到那不勒斯，19 世纪 50~60 年代传承到在法国和英国的意大利手工艺匠人手中。大多数的贝壳浮雕都是深棕色，白色的品种来自头盔形的称为"Cassis tuberose"的天然海贝。粉红色的贝壳浮雕来自皇后螺的贝壳，这种贝壳酷似珊瑚，有时会在这种硕大的贝壳上雕刻出一个神秘主题或者经典人物组合放在商店橱窗中展示。

新古典主义贝壳浮雕黄金首饰套装，19世纪初，装在"雕刻之角"的盒子里，与其放在一起的是19世纪的玉石和贝壳浮雕胸针、戒指。个人收藏；布里奇曼艺术图书馆

雕刻有经典女神像的意大利贝壳浮雕，镶嵌在绳状的黄金边框中。约1880年。垂坠的连接项链称为"垂链"。威力士拍卖行

意大利贝壳浮雕胸针，使用黄金镶嵌，约1865年。主题雕刻非常精细，非常商业化。S.J.菲利普斯公司

标准的意大利贝壳浮雕胸针，约1870年，主题是"昼与夜"。威力士拍卖行

玉石浮雕

玉石浮雕的优势是比贝壳浮雕更硬，可以雕刻得更加精细。再者，玉石浮雕中具有对比性颜色的背景可以抛光至接近镜面的效果。玉石浮雕稍微有些重，所以作为胸针别在衣服上的时候会有些前倾。通常来说玉石浮雕的价格比贝壳浮雕要高很多。

主要的样式有：

缠丝玛瑙：深棕色或者粉棕色背景并带有白色或奶油色对比的浮雕。

缟玛瑙：黑色背景（有时是染色的）带有白色对比的浮雕。

玛瑙：大多是带有灰色背景和白色对比的浮雕。

孔雀石和青金石：应用于 18 世纪晚期和 19 世纪早期的套装首饰中，经常雕刻新古典主义的画面。

经典的双色玛瑙浮雕胸针，镶嵌在细金丝工艺的边框上。1835~1845 年。本特利和斯金纳公司

装饰珠宝的黑白双色缟玛瑙雕像，内容是盛装的努比亚（Nubian）公主，边框上镶嵌红宝石和钻石作为对比。约1880 年。汉考克斯公司

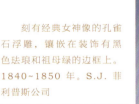

刻有经典女神像的孔雀石浮雕，镶嵌在装饰有黑色珐琅和祖母绿的边框上。1840~1850 年。S.J. 菲利普斯公司

名贵宝石和半宝石浮雕

在古代已经出现使用名贵的宝石如红宝石、蓝宝石、祖母绿制作浮雕的现象。由于这些宝石硬度很大，所以制成的浮雕经常都比较小，图案设计也非常简单，在罗马时期的戒指上发现名贵宝石浮雕的概率非常高，在 18 世纪简单镶嵌的戒指上也能找到。有两种稍便宜一些的彩色宝石浮雕出现在 19 世纪晚期的胸针上——金色柠檬晶和紫水晶，这些宝石越大意味着雕刻越精细，雕刻的内容通常是经典的头像和穿着都铎王朝服

超豪华的建筑学风格项链，镶嵌各种玛瑙浮雕，19世纪中期，意大利。S.J. 菲利普斯公司

装的妇女。世纪之交时期的戒指、胸针中出现的另一种宝石是欧珀，雕刻红色印第安酋长、异域的动物等一系列不常见的主题，宝石的自然色泽和轮廓增强了这些雕刻品的艺术效果。

火山岩浮雕

来自维苏威的火山岩浮雕与大游学旅行（Grand Tour）一起成为流行时尚。这些火山岩颜色丰富，从白色到米黄色、赤褐色、浅灰色到深灰色乃至黑色。浮雕的主题有：著名哲学家、政治家以及雷奥纳多·达·芬奇（Leonardo da Vinci）、莎士比亚等历史人物。这些浮雕经常简单地镶嵌在低 K 金

中，制作成胸针、手镯或者完整的套装首饰。

其他有机材料

这个品类包括 18 世纪和 19 世纪中广泛应用的珊瑚、象牙以及煤玉。硕大的胸针经常镶嵌在简洁的框架中。在英国特色的浮雕中，花卉造型和经典侧面头像两种主题拥有同等重要的地位。

仿制材料

仿制品往往意味着是廉价的复制品。事实上，许多 20 世纪 30~50 年代生产的塑料和复合材料的浮雕是非常粗糙的，但 19 世纪生产的玻璃浮雕效果很好。这些玻璃浮雕经

19 世纪岩浆岩浮雕吊坠。这种维苏威火山岩浮雕有很多颜色和主题，这显然是为旅游市场制作的，边框的金属经常是做工粗糙的镀金材料或者低 K 金。塞尔维·司柏科措姆

右下方是意大利珊瑚浮雕胸针，镶嵌在装饰法琅的黄金边框中；左上方是贝壳浮雕胸针。粉红色的贝壳经常被误认为是珊瑚，在 19 世纪晚期，这是应用在日常戒指和领带别针上的常见材料。格雷斯 RBR 集团

蓝色陶瓷浮雕片制作的扣件，镶嵌在抛过光的钢制框架中并装饰刻面钢材料。约 1800 年。格雷斯 RBR 集团

一只漂亮的浮雕戒指，18世纪晚期，戒面雕刻了一对爱情鸟，边框镶嵌钻石，希腊文的签名显示是乔凡尼·皮齐勒（Giovanni Pichler，1734~1791年）的作品。

16世纪蓝白双色玛瑙浮雕，表现了文艺复兴时期的写实主义形象。S.J.菲利普斯公司

常呈紫色或蓝色，硕大的画面上描绘了酒神女祭司的侧面像，边框一般都使用普通金属。

乔赛亚·韦奇伍德（Josiah Wedgwood）在18世纪创制了蓝白色陶瓷，用它仿制的浮雕能够达到以假乱真的效果，许多主题是新古典主义风格的，这种饰品一般镶嵌在普通金属或者刻面钢上面。

另外，一些20世纪早期的浮雕饰件是双层结构，是将半身像粘贴在背景材料上制作的。

浮雕的表现主题和镶嵌工艺

从制作时间等多方面考虑，很多中世纪以及稍晚一些时期的浮雕工艺都非常成熟，但只有少数保存到现在。16世纪和17世纪的浮雕偶尔会出现在早期戒指和古董拍卖会上，这些

雕刻纹饰较浅，有时形状也不规则，质量较好的浮雕一般镶嵌在淡黄色的黄金框架中，同时装饰彩色的珐琅并镶嵌钻石和珍珠。

18世纪和19世纪浮雕的主流内容是古典主义和浪漫主义。从18世纪中期到19世纪早期，新古典主义是最注重细节和写实的艺术风格，著名又有代表性的雕刻主题有：神话传说、希腊和罗马时期的哲学家及皇帝、主流的政治家或者宗教人物、贵族和军人等。这些浮雕一般使用称为"罗马式印章镶嵌"的简单包镶。有时人们将这些单独的浮雕组合起来制成项链或手链，在两块浮雕之间起连接作用的3~4根黄金链称为"垂链"。

19世纪早期，浮雕雕刻的主题经常是成组的神话人物、动物以及我们称为"安琪儿"

考古学复古风格的套装首饰和两块没有镶嵌的玉石浮雕，大约1865年。尽管没有雕刻签名，精细的做工和外框花卉的细节显示这是卡斯特拉尼的作品。中间偏左的那块没有镶嵌的浮雕颜色和主题都很特殊，描绘的是但丁（Dante），主题的特殊性使得这件浮雕难以出售。

黑白双色缟玛瑙胸针、吊坠两用饰品和与之相匹配的耳坠。意大利，约1865年。威力士拍卖行

的小天使。玉石、贝壳是主要的材质，有时也会出现孔雀石浮雕，镶嵌的边框也越来越精细，19世纪三四十年代很多浮雕作品镶嵌在使用精细的黄金花丝做成的边框中，这就是我们所熟知的细金丝工艺。

维多利亚时期早期就预示着一个浪漫主义的时代即将开始。冷酷的古典主义让位于更加柔和、温雅，以女性形象（酒神女祭司、密涅瓦、美杜莎极其流行）为主体的时期。这种多元化导致各种各样的主题内容出现在浮雕胸针中：自然主义、写实主义与圣经场景争相出现，以托马索（Tommaso）和路基·索里尼（Luigi Saulini）为代表的意大利雕刻家将身着都铎王朝服装的妇女、处在乡村风景中的人物以及维多利亚时期的游学绅士侧面像等主题永久地铭刻在意大利火山岩的浮雕上。

从19世纪60年代到19世纪80年代，意大利的工匠们将玉石浮雕镶嵌到工艺精细的黄金边框上，这些边框都装饰缠绕的金丝和线状珠粒工艺。装饰主题重新回归到浓烈的古典风格中，并热衷于英雄形象，流行的神话人物有阿波罗（Apollo）、战神马尔斯（Mars）、狄安娜（Diana）以及墨丘利（Mercury）等都以高浮雕的形式雕刻到缠丝玛瑙、缟玛瑙以及浅灰色的玛瑙中。

在19世纪末，人们对浮雕样式的兴趣以及对浮雕的热情逐渐减退。20世纪的浮雕有时镶嵌在9K的黄金或者白银上，再镶嵌马克赛石作为对比。相比于早期的作品，这个时期的浮雕缺少细节部分的描绘，新时代的批量生产制作了很多粗糙、重复且单调的浮雕首饰产生，这些饰品只能作为普通商品出售。

凹　雕

这种完美的小型艺术作品表明一些古老的宝石雕刻工艺至今仍然存在。它们不能直接佩戴，直到18世纪时，一些著名的宝石

左边和右边是两只古代凹雕戒指，镶嵌在原金属中；中间是一只"翻转式"戒指，玉石凹雕镶嵌在黄金上。三只戒指都是18世纪晚期的作品。"翻转式"的镶嵌是马查特（Marchant）和皮齐勒等宝石雕刻大师钟爱的制作形式。

雕刻工匠才使用"罗马式印章镶嵌"的方法将它们制作成新潮的拇指戒指。摄政时期的项链经常由 20 个不同颜色的罗马玉石凹雕真品组成，有时甚至更多，这些凹雕都使用印章镶嵌的方法，并统一镶嵌在黄金中。像卡斯特拉尼等这些著名的古典复古主义金属工艺大师经常将古代凹雕应用到他的建筑学风格首饰中。

在 18 世纪时有几位活跃的宝石雕刻大师，他们的作品非常值得收藏。内森尼尔·马查特（Nathaniel Marchant，1739~1816 年）是一位在罗马工作的肖像雕刻大师；爱德华·伯契（Edward Burch，1730~1814 年）的作品在皇家学院（Royal Academy）展出过，他善于刻绘历史人物的侧面像；乔凡尼·皮齐勒（Giovanni Pichler，1734~1791 年）和他同父异母的弟弟路基（Luigi，1773~1854 年）擅长在不同玉石上雕刻经典人物头像和人物组合；斯坦尼苏·波尼亚托夫斯基王子（Prince Stanislaw Poniatowski，1754~1833 年）曾经举办了一次带有假签名的玛瑙凹雕收藏会。另外，苏格兰人詹姆士·塔西（James Tassie， 1735~1799 年）使用玻璃生产了大量的宝石雕刻仿品，如今仍然频频出现在市场中。

豪华的考古学风格贴颈链，镶嵌了各种古典凹雕。在 18 世纪的新古典主义和 19 世纪的复古风格首饰中将古代和当代的凹雕组合镶嵌是当时的普遍做法。S.J. 菲利普斯公司

拓展阅读

The Art of the Jeweller: A Catalogue of the Hull Grundy Gift to the British Museum (British Museum Publications Ltd.) .

Engraved Gems, John Boardman (Thames & Hudson).

第 八 章
马赛克

马赛克饰品色彩艳丽、制作精细，同时能够唤起人们的各种回忆，特别是那些表现力很强又倾注了工匠技艺的完美作品，是用极细微的材料组成的微型艺术品。

受古罗马建筑中天花板和地板壁画的影响，马赛克在首饰中的主题主要是雄伟的建筑，如斗兽场（Colosseum）、万神庙（Pantheon）以及建筑学景点圣彼得大教堂（St Peter's）、罗马城等这些游客们期盼看到的意大利景点，同时还有经典、多样又浪漫的象征物，如小天使、宠物、野生动物、历史遗址、色彩丰富的花朵以及到处飞翔的鸟儿等。

马赛克不只是镶嵌在胸针或项链上的小碎片。很多大型的手工艺作品都装饰马赛克，甚至整个墙砖、桌面都布满大量的彩色玻璃小片，坦率地说这些作品很难理解。

在这里我们介绍两种主要的马赛克工艺，以它们产生的城市来命名。

罗马马赛克（Roman Mosaics）

近些年，为了避免与历史名称相混淆，"罗马马赛克"已经替换为更有表现力的名称——"微型马赛克"（mircromosaic）。罗马马赛克的历史可以追溯到文艺复兴时期，16 世纪晚期梵蒂冈（Vatican）建立了一家马赛克工坊。18 世纪时大量旅游者来到罗马，大游学旅行激发了人们对这类作品的热情，使得这种工艺得到商业开发。

罗马马赛克是一种平面片形装饰，经常呈椭圆形或者长方形，表面由数千块彩色玻璃或石头经过筛选、抛光，然后粘在一起组成一幅图画。这些组成马赛克的片段称为"嵌片"（tesserae），由切割成条形的玻璃组成。

绘有"卡比托利欧鸽子"（Capitoline Doves）的微型马赛克黄金胸针，约 1860 年。也被称为"普林尼（Pliny）鸽子"，是老普林尼（Pliny the Elder）《艺术史》中永恒的主题，这件大型彩色马赛克装饰展示出手工艺者在微观状态下摆放这些色块的熟练技巧和勤勉的手工艺态度。

084

085

微型马赛克手链和耳坠，意大利新古典主义风格，带有原装盒子，画面描绘了流行的建筑古迹。伦敦邦汉姆斯
（Bonhams, London）；布里奇曼艺术图书馆

为了使上百种微妙的颜色呈现在材料中，这些玻璃要事先进行加热拉伸，这种技术非常像彩色玻璃工艺，使用各种彩色的玻璃组成条状，然后像珠粒或者彩色纸条一样镶嵌在一起。独一无二的颜色意味着古董马赛克首饰上的镶嵌色块一旦脱落就难以修复，所以完美的马赛克首饰要比有损伤的价格昂贵。

那些制作于 18 世纪和 19 世纪早期的罗马马赛克要优于 19 世纪其他时间的作品（并且更有价值），因为早期的色块更小。早期的马赛克作品更加精细、清晰，经常像微缩的油画，表面光滑并且非常巧妙地将每个色块摆放在一起，色块之间的材料是看不见的。相反，19 世纪的马赛克就相对简陋和粗糙，摸起来不均匀，并且视觉上也不立体。

早期的马赛克作品主题具有强烈的新古典主义风格。河流、瀑布、田园风光、狩猎场景以及宠物（主要是狗）都是这个时期典型的主题，同时还有鸽子、小天使以及一系列的情感符号等。马赛克的作品经常简单地镶嵌在带有金边的结构上，或者使用链条组合成项链，或者制作成成对的手链。19 世纪 30~40 年代马赛克的作品经常镶嵌在精细的细金丝工艺框架中，组合成新古典主义和浪漫主义的主题，背景色块的颜色一般为白色，经常使用蓝色或者红色玻璃制作的条带边框环绕整个图案。有时还使用明亮的黄金嵌片来加强"古典"的印象。

19 世纪 60~70 年代埃及复古主义的出现使得色彩明丽的马赛克增加了很多象征性符号，如旅游者易于辨认的圣甲虫、法老头像、秃鹫等形象。这些马赛克作品镶嵌在黄金制成的框架中，装饰各种金属花丝或者称为"细条"的金珠粒，"精微"这个词都难以描述这种饰品的细致。这些复古风格的首饰偶尔承担了"和平女神"或者"罗马"等词语的提示作用，用以提醒这些饰品的起源和出处。

19 世纪早期的罗马马赛克风景画充满了细节，颜色丰富，富有变化。总体来说，这些古典的马赛克作品由非常细小的色块组成，比晚期那些粗糙的作品更光滑、精细。威力士拍卖行

圆形黄金马赛克胸针，带有原装盒子，约 1870 年。留意观察边框上希腊式的"阿尔法和欧米茄"图案。格雷斯 RBR 集团

微型马赛克黄金手
链，这是卡斯特拉尼制
作的一件考古学风格的
极品，约 1860 年。
S.J. 菲利普斯公司

意大利微型马赛克项链和十字架吊坠，黄金镶嵌，1860~1870 年。罗马马赛克制作
工艺繁杂，作品色彩绚烂，钟爱的情感主题有鸟类、小天使以及具有象征意义的标志性建筑，
这些作品永远畅销。S.J. 菲利普斯公司

一组微型马赛克纪念首饰，约 1880 年。上方那枚金字塔
胸针带有蓝色的玻璃条纹边；中间的小鸟胸针使用时尚的银镀
金材料制作而成，这样使它的价格更容易接受。作者收藏

一枚使用微型马赛克制作的胸针，上面绘有一只西班
牙的猎狗，约 1870 年。保存条件非常重要，一旦马赛克
脱落没有任何方法补救。这件饰品的保存品相非常好。

佛罗伦萨马赛克吊坠，1870~1880年。这件作品颜色丰富，效果也很突出，但是缺乏对花卉的细节描绘。威力士拍卖行

微型马赛克装饰别针，约1880年。19世纪末，大规模的生产导致质量难以保证。这件作品中的金龟子非常吸引人，但是白色的装饰实在不敢恭维。私人藏品

19世纪晚期的佛罗伦萨马赛克装饰别针。仔细观察，相比于早期的镶嵌作品，这件作品每一片单独的石头切工都很差。私人藏品

佛罗伦萨玉石拼贴黄金手链，约1870年。彩色的大理石和玉石镶嵌在暗色的比利时玉石板上。使用典型的花丝工艺装饰金属边框，注意两节之间的棒状连接结构，这是19世纪意大利"复古风格"首饰的主要特征。

佛罗伦萨马赛克（Florentine Mosaics）

不同于使用玻璃条的罗马马赛克，佛罗伦萨马赛克基于植物学的研究经常使用彩色的玉石，如白玉髓、红玉髓、蓝色绿松石、蓝色青金石、粉色大理石、斑驳的绿色孔雀石等制作成单独的花瓣和叶子装饰。背景经常使用深色的比利时石料切割出凹坑，

然后将这些彩色的石头像拼图一样小心地镶嵌进去，白色和粉色的材料在深色的背景上很容易凸显出来，再使用明亮的黄金镶边加强对比后饰品中那些山谷中的百合花和成捆的勿忘我便栩栩如生了。像罗马马赛克一样，佛罗伦萨马赛克也同样使用黄金花丝图案组成的装饰边框。使用深色背景

087

镶嵌玉石片的工艺方法称为"玉石拼贴"（pietra dura），我们可以在伦敦萨默赛特宫（Somerset House in London）吉尔伯特（Gilbert）的优秀马赛克收藏品中欣赏到这种工艺。

装饰马赛克（Decorative Mosaics）

19 世纪末 20 世纪初，小型廉价的纪念品首饰和微型的配饰都装饰了彩色的马赛克，但做工相对粗糙，使用含量很低的银合金或者镀金材料镶嵌。这些常见的饰品大都具有很好的装饰效果，设计也非常新潮，样式有新奇的吉他、自行车、普通的纽扣形胸针以及小型的相框等。19 世纪晚期还有一种用玻璃制作的佛罗伦萨马赛克，但做工粗糙，主要用作时装饰品，与正品对比，这种作品很容易区分。

拓展阅读

The Gilbert Collection: Hardstones (Philip Wilson Publishers Ltd.).

Antique and 20th Century Jewellery, Vivienne Becker (NAG Press).

第九章
苏格兰首饰

一提起"苏格兰首饰",我们会自然而然地联想到维多利亚时期那些独特的镶嵌有黄水晶、透明水晶和各种彩色玉石的金银胸针和手镯,这种首饰被称作"卵石首饰"(pebble jewels)。

这种首饰的收藏热是近些年的事,同时,认识到苏格兰金属装饰工艺在过去500年时间里的意义也是非常重要的。苏格兰的玛丽皇后(Mary Queen)极大地影响了女性贵族们佩戴首饰的习惯,她对珍珠的热爱超过任何宝石,这一时期珍珠经常镶嵌在装饰彩色珐琅的黄金吊坠上,或者与玉石浮雕一起搭配,镶嵌简单的桌式切工钻石以及经过抛光的其他宝石。戒指在苏格兰和英格兰风靡一时,并且在1649年查理一世被处决后承担了新的意义,保王党人制作了大量带有珐琅肖像的悼念饰品来纪念这位不幸的国王。在苏格兰,詹姆士二世的拥护者们(Jacobite)同样佩戴有查理·爱德华·斯图亚特王子(Prince Charles Edward Stuart)肖像的饰品,他就是众所周知的美王子查理(Bonnie Prince Charlie)。使用金银以及普通金属制作的平面环形胸针既有功能性又有装饰性,在17~18世纪时妇

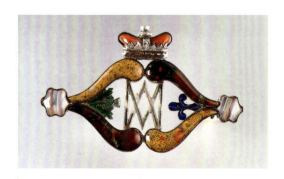

工艺精良的苏格兰多色玛瑙胸针,上面带有王冠,中间有代表玛丽皇后的字母组合。注意胸针的两侧有代表苏格兰的蓟草纹饰和代表法国的鸢尾花。吉妮·雷丁顿·道斯

三件由金、银制作的"卢肯布斯"胸针。底下的那件有时被称为"女巫之心"。布瑞恩和雷尼·赫莫斯

089

人们用这种胸针固定粗格子的衣物。有的环形胸针非常便宜，有的也装饰有复杂精细的雕刻花纹。另一种非常有名的苏格兰胸针是"卢肯布斯"（luckenbooth），当时的人们认为，佩戴这种饰品可以带来好运，同时可以抵抗"厄运之眼"，这种饰品一般使用银或者黄铜制作，基于心形设计，有时简洁有时非常精细。有的"卢肯布斯"胸针装饰像两颗联结在一起的心形组合，像字母"M"一样，这便是玛丽王后胸针。

苏格兰首饰组合，底部左边是一枚做工精细的银质格子胸针，镶嵌了贴箔的紫水晶和深色柠檬晶，注意观察被水侵入后造成饰品的褪色。

众所周知，维多利亚女王极大地影响了苏格兰，1848 年，她购置了巴尔莫勒尔堡（Balmoral Castle），在阿尔伯特亲王 1861 年早逝之前皇家子弟都习惯穿苏格兰格子服装；1851 年的世界博览会期望所有的观众都穿着苏格兰服装，然后装饰各种首饰，如胸针、短剑以及手镯等。这种浪漫的情感被沃尔特·司科特爵士（Sir Walter Scott）强化，他以饱满的热情撰写了很多歌颂山川、山谷的作品，这种迷恋苏格兰的情感影响至今仍未减退。

19 世纪 50 年代后，苏格兰的人气飙升，大量游客涌入苏格兰，这一现状导致节日纪念饰品的需求增加，于是一种用玉石制作的胸针、小纪念品应运而生。苏格兰玉石首饰或者卵石首饰很大程度上受到古老的凯尔特人（Celtic）饰品和民间饰品的影响，其中最具代表性的作品是镀银格子胸针，它一般被用来束缚格子呢的披肩。这种环形的胸针经常在中间镶嵌一颗突出的棕黄色水晶，深色烟晶更合适。在一些其他的作品中，浅色的柠檬晶、无色的水晶甚至金黄色的玻璃都可以替代烟晶。中间不镶嵌宝石的胸针也很常见，银质胸针边框上常会镶嵌一系列彩色的玉石片，这些玉石片被一个个打磨好，然后镶嵌进合适的轮廓中。这些玉石的颜色也让人联想到崎岖不平的苏格兰乡村，混合着棕绿色、黄色、灰色和赤褐色石楠植物的山川、河流。因此，典型的苏格兰银胸针是一个组合，它混合了黄棕色的玛瑙、灰色细条纹玛瑙、深绿色带有红色斑点的血玉髓、带有黑白条纹的缟玛瑙，以及带有红色、绿色、黑色花纹的碧玉。

切割这些宝石是非常困难的，有很多石头在德国的伊达尔·奥博斯坦（Idar Oberstein）切割和抛光。这些薄的宝石切片被镶嵌到雕花的银质镶嵌结构中，经常需要在宝石的背面涂抹一些像黑色沥青一样的虫胶材料来强化它的颜色。除了柠檬晶和无色水晶，另外一种常用的晶石类材料是紫水晶，它是一种非常适合雕刻成蓟草形装饰品的宝石材料。

格子胸针和蓟草形胸针是苏格兰饰品的两种主题类型，另外还包括前面带有小型可移动匕首的短剑，它的手柄、剑芯、绳结、带扣、挂带、保护罩、剑格上面都镶嵌了玉石。玉石的使用也不仅仅局限于首饰，事实上很多小型装饰品也使用这种方法，如火柴盒、香水瓶以及纪念品的盒子。

新奇的苏格兰纪念品。当时的价格比较高，这些令人过目不忘的纪念品如今仍然可以卖个好价钱。吉妮·雷丁顿·道斯

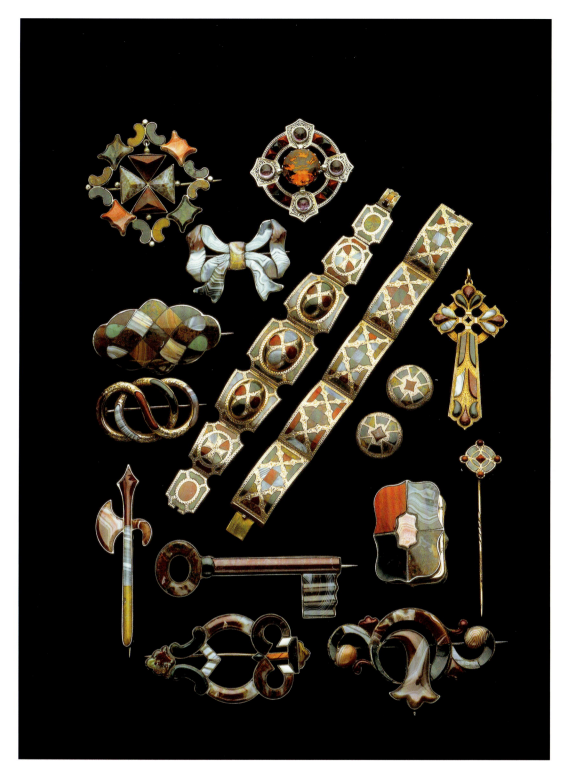

镶嵌各种宝石的苏格兰金银首饰。保存条件非常重要，镶嵌的玉石一旦丢失非常难以替代，价格也非常高。钥匙形、斧子形或者像右下角香水瓶样式的新奇饰品非常少见，而且极具收藏价值。

第九章 苏格兰首饰 | 105

盘蛇手镯，这种使用多色玛瑙镶嵌的饰品并不多见，约1860年。吉妮·雷丁顿·道斯

到 1870 年，英格兰至少有 1000 人直接或者间接地在爱丁堡（Edinburgh）从事卵石首饰的生产，或者在阿伯丁（Aberdeen），格拉斯哥（Glasgow）甚至更远的伯明翰（Birmingham）等地作坊中工作。总部设在阿伯丁的雷帝公司（Aberdeen Firm of Rettie & Co）专业加工粉色、灰色石榴石，这些石头在制作几何形胸针和手链的时候是非常有效果的组合。然而，很多玉石并不是苏格兰产的，经常用来雕刻常春藤的孔雀石产自天寒地冻的西伯利亚，然后经德国辗转到英国。

绝大多数的苏格兰卵石首饰都使用白银镶嵌，少数非常时尚又精美的首饰使用黄金镶嵌。手链都带有铰链，每节结构都使用玉石拼成"细木镶嵌"的样式，也有带雕金配件的三维"筒形"。

19 世纪末的工艺美术运动时期，苏格兰依然是一个非常重要的地方，受到格拉斯哥艺术学校（Glasgow School of Art）的影响，吸引了众多创造性人才。在这里，具有创新精神的男女手工艺人建立了亲密的工作（和个人）关系，创造出一种丰富的装饰艺术，这种艺术富有象征意义，这些手工艺人精通技术应用。查尔斯·雷尼·麦金托什（Charles Rennie Mackintosh，1869~1929 年）是这一时期我们熟知的先锋人物，他突破性地引导了家具和内装的有机形式。

在首饰设计师中，有三位女士做出了巨大的成就：杰西·M. 金（Jessie M. King，1873~1949 年）是一个有点古怪的插画师，同时她还为利伯蒂公司（Liberty & Co）制作真丝织物，她为伦敦商店设计了一系列自然风格的黄金首饰；玛丽·修（Mary Thew，1869~1929 年）是一个金工制作者，她使用鲍鱼壳制作了很多深受欢迎的凯尔特胸针；菲比·安娜·特拉奎尔（Phoebe Anna Traquair，1852~1936 年）可能是其中最全能，而且是格拉斯哥艺术学校金匠中最负盛名的人，她受到拉斐尔前派运动（Pre-Raphaelite）作品的影响，能够制作漂亮、鲜艳的黄金珐琅项链、吊坠。

一组苏格兰银耳坠，镶嵌有玛瑙、石榴石、孔雀石以及其他玉石材料，约1860年。吉妮·雷丁顿·道斯

一组苏格兰玉石和银质"卵石首饰"。粉色、灰色石榴石组合是雷帝公司（Rettie & Co）的特长，公司总部设在阿伯丁，在那里对本地出产的宝石进行切割和抛光。

拓展阅读

Victorian Jewelry: Unexplored Treasures, Ginny Redington Dawes and Corinne Davidov (Abbeville Press Publishers).

The Art of Jewellery in Scotland, edited by R.K. Marshall and G.R. Dalgleish (Scottish National Portrait Gallery).

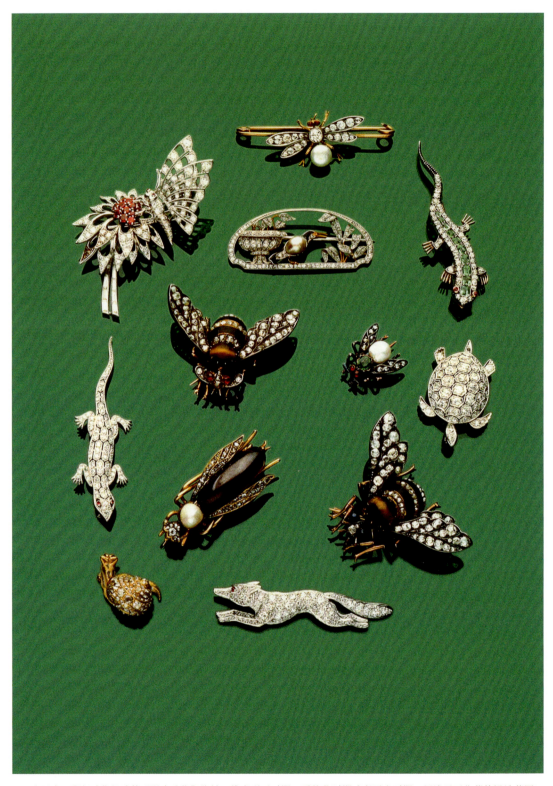

094

由昆虫、爬行动物组成的"野生动物"胸针，维多利亚时期、爱德华时期或者更晚时期。阐述了可收藏的设计范围，那个壳上镶有钻石的蜗牛非常有趣，也非常罕见。注意那对镶有虎晶石的熊蜂，它们太形象了。

第 十 章
动植物首饰

植物首饰的主题从三叶草到大捆的花束，贵族们将其制作成胸花佩戴，这些饰品在 17 世纪之前都设计成背面安装别针的样式。早期的植物花卉经常装饰各种颜色的珐琅，这个时期的宝石切割工艺还不成熟，尤其是钻石切割相当粗糙。

随着时代的进步，尤其当黄金替代白银成为标准镶嵌材料以后，首饰的设计越来越奢华。18 世纪的钻石胸针和鹭羽花束胸饰最为华丽，上百颗钻石与各种颜色的宝石镶嵌在一起，如色彩绚丽、稀有珍贵的缅甸红宝石以及印度祖母绿等。许多花束形首饰在花

茎的部分装饰蝴蝶结，这些饰品也允许个别工匠通过制作不断翻转的丝带状边框来展示自己的工艺技巧。18 世纪晚期，英国钻石胸针的设计倾向于造型简单、装饰华丽的风格，最具代表性的是六瓣花，围绕中心的大颗粒钻石，使用全封闭的方法群镶大量纯净的"老矿"钻石。那些品位高雅、实用、保存完好、今天还能够佩戴的乔治王时期的钻石饰品一旦在拍卖会上出现就非常具有竞争力。

18世纪自然风格中的典型代表是"花园"（giardinetti）戒指、胸针。这种"小花园"式的首饰将主要的宝石制作成花瓶的形状，

镶嵌钻石的花形胸针，英国，约 1850 年。这枝玫瑰花的细节忠实于真正的实物。佩戴的时候花头部分可以颤动，使钻石更加闪耀。

乔治王时期镶嵌石榴石的花束胸针，约 1800 年。

然后在花卉上镶嵌玫瑰切工的钻石以及祖母绿、红宝石，有时也会有蓝宝石。需要注意的是，市场上有很多低质、廉价的现代仿品，这些仿品经常使用现代切工的宝石，而且镶嵌相当粗糙。

19世纪早期的花卉首饰在设计上非常精细、柔和。胸针、耳坠和项链的重点在金工制作方面，在金属的表面制作出精细的纹理使它能够呈现叶子真实的样子，再装饰卷须状的金属花丝、复杂的珠粒工艺以及细金丝工艺的涡卷纹。紫水晶、海蓝宝石、托帕石、绿松石等颜色丰富的半宝石得到大量的应用，它们成为表现自然题材和花卉题材的理想材料。绿松石代表了勿忘我的颜色，在19世纪30~40年代尤其流行，这种色彩亮丽的蓝色宝石成为表达情感的完美载体，镶嵌在代表爱意的鸽子喙中，以及玉米穗、林地花丛等形象的胸针中。

另一种适合表达自然情感的理想宝石是珊瑚。加工珊瑚制品是意大利人的专长，尤其擅长雕刻的是英格兰的罗伯特·菲利普斯，他是伦敦一位著名的珠宝匠。珊瑚的硬度适中，能够雕刻出非常精细的纹饰，如带有叶子、芽苞的花束，树木、树枝等代表"林地"的主题。珊瑚还可以打磨出相当满意的抛光面，大型的珊瑚材料可以根据材料原有的造型制作成各种具有想象力的精品，如奇异的神兽、海蛇、海兽以及野兽等。这种珊瑚大多数是典型的橙红色，白色的珊瑚非常适合雕刻成花束、橘子花苞或者旋花植物的样式，然后与小颗的红宝石一起镶嵌在雕花的黄金结构上，制作成漂亮的花卉形胸针和项链。

乔治王时期的精美戒指，镶嵌红宝石和钻石。也称为"花园""小花园"戒指。桑德拉·柯南

维多利亚时期的黄金四叶花戒指，约1845年，镶嵌半圆珍珠、红宝石。这种戒指的背面经常有一个暗盒，暗盒中可以盛放一缕头发。威力士拍卖行

法国六件套黄金"花边别针"，约1840年，装饰皇家蓝色的珐琅，镶嵌米粒珠。每枚别针上面的花纹都不一样。维基·沃勒

梨形胸针，镶嵌红宝石和钻石，约1850年。维多利亚时期写实主义的主要案例，两片绿色的珐琅叶子衬托了宝石镶嵌的主体造型。

一组黄金珐琅蝴蝶胸针，朱利亚诺制作，约1870年。这种轻快真实的作品是珐琅大师卡鲁·朱利亚诺展示其顶级技术的代表作品。

可怕的维多利亚时期写实主义作品，带有黄金喙和红宝石眼睛的蜂鸟头胸针，约 1870 年。

维多利亚时期的黄金戒指，头部镶嵌宝石的两条蛇相互缠绕在一起，约 1860 年。蛇是爱情永恒和智慧的象征。

19 世纪时设计主题扩展到鸟类、爬行动物以及昆虫。在 19 世纪 40~50 年代蛇的造型非常流行，这一时期生产了大量蛇形黄金手链、项链，蛇的身体全部使用铰接的结构，这样能够弯曲、游动，头部塑造成眼镜蛇的样式，镶嵌钻石和其他宝石，再装饰皇家蓝色、天蓝色的珐琅，豪华的款式甚至镶满了小颗粒的弧面绿松石。这些爬行动物的嘴巴下面经常悬挂一只带有暗盒的心形吊坠，吊坠中可以存放一些头发，动物的眼睛大都镶嵌弧面红宝石或石榴石。蛇在维多利亚时期的英格兰象征"永恒的爱情"，是一种强大

左边是维多利亚时期用虎爪制作的装饰别针，1890 年；右边是维多利亚时期用虎牙制作的装饰别针。在 Raj 时期（英国统治印度的时期），人们频繁地枪杀孟加拉虎。这种可怕的纪念品是印度首饰匠制作的，有时有完整套装的项链、耳坠、手镯和胸针。私人藏品

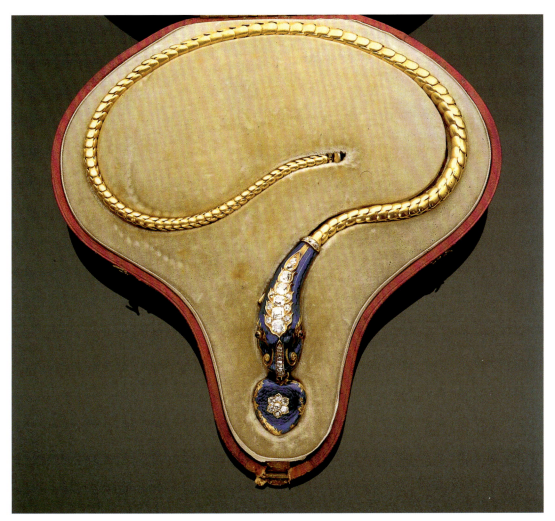

　　非常精致的黄金蛇形项链，维多利亚时期早期，镶嵌钻石以及皇家蓝色珐琅，头部悬挂了一个心形盒子，约 1845 年。典型的眼镜蛇形象，原装的盒子提高了这件作品的价值。这种设计也很容易变为一条缠绕的手镯或者一个匹配的戒指。

　　动物壳做的手链，约 1850 年。这类维多利亚时期的古玩非常罕见，这种"盖"或壳来自一种像蜗牛一样的软体动物，是用来保护动物自身的。

的情感符号，因而蛇形首饰也是非常流行的首饰样式。

维多利亚时期中期的另一种有意思的饰品是背雕水晶，先将透明水晶制作成弧面，然后从反面进行雕刻并绘制出各种形象，如鸟类、昆虫或者花卉。这种绘画的主题非常宽泛，从哈巴狗、猫、金鱼等宠物到狮子、老虎、狐狸等野兽都非常流行。这些微型绘画大都是彩色的而且非常精致，有时将熊蜂绘制得太逼真了，以至于许多人认为是将真的熊蜂关在弧面的水晶里了。这种水晶使用珠母贝作为底托，然后一起镶嵌在黄金上，从大型的胸针到小型的装饰别针、袖扣都非常值得收藏。

19世纪末期，用金银制作的"虫类"饰品非常流行，这些饰品大量镶嵌钻石和彩色宝石，主题范围从蜘蛛、苍蝇、蜜蜂、蝴蝶到爬行动物，尤其以青蛙和火蜥蜴最为流行。

这些灵动的蜥蜴形饰品经常镶嵌钻石和翠榴石，与普通的红色石榴石相比，生动而又有价值的绿色石榴石具有更生动的色彩，更能恰如其分地表现出生物的皮肤色调。

很多昆虫和花卉的饰品底部安装黄金弹簧，这样很小的震动就引发它们抖动和闪烁。这些首饰被称为"颤动首饰"（en tremblant），轻微的颤动可以使宝石闪光，同时使得这些人工的首饰更加自然、真实。

绘制熊蜂的背雕水晶吊坠，使用黄金镶嵌，约1870年。这种微绘雕刻非常流行、题材广泛，从家养宠物到外来的孟加拉虎以及装饰性的鸟类都有。

绘有牡鹿的背雕水晶吊坠，镶嵌珍珠，约1870年。S.H.哈瑞斯（S.H.Harris）

一对背雕水晶袖扣，上面绘有鱼和飞钓钩。约1890年。S.H.哈瑞斯

群镶珍珠的胸针，制作成一只忠实的
"猎犬"。维基·沃勒

镶嵌欧泊和钻石的蜻蜓胸针，眼睛镶嵌红宝石，
约1900年。作品清晰地表达了世纪之交自然主义风
格的变化。

椭圆形的吊坠盒，
盒面群镶钻石和珍珠，
制作成一串葡萄，约
1880年。

苍蝇胸针，表面
镶嵌钻石，腹部镶嵌
了一颗黄色的钻石，
约1885年。有色钻
石在维多利亚时期是
非常奇特的，只是到
了现代它们才备受瞩
目。威力士拍卖行

三枚维多利亚时期晚期及世纪之交的蝴蝶胸针。
上面的那枚是将真蝴蝶的翅膀镶嵌在水晶下面；中间
的胸针群镶钻石，制作成颤动首饰来增强翅膀的真实
感；最下面的胸针上镶嵌了斑彩欧泊。

第十一章

表达情感和爱情的首饰

作为一种人造物品，首饰毫无疑问是在朋友和爱人之间传递长期承诺和永恒情感的最真实、最持久的物品之一。赠送一只简单的黄金或者其他材质的戒指，这种传统可以追溯到罗马时期，这时的戒指意味着庄严的承诺，象征着正式的合同或者家庭之间的协议。这一时期的赠送并不包含情感内容，但是这种惯例最终演化成在婚礼举行之前赠送订婚戒指，代表正式婚姻关系的确立。在左手无名指上佩戴结婚戒指的方法同样起源于罗马时期，人们相信这里直接通向心灵。

整个中世纪一直到 18 世纪，戒指上经常带有情感的铭文，或者深沉的短句，有时刻在戒圈内部，有时直接刻在戒指的表面。这些戒指统称为"铭文戒指"，并且经常出现在市场上。从表面看，这些戒指跟普通的黄金婚戒一样，当使用放大镜仔细观察时就能发现其中的奥妙。铭文一般都是英语，有时也有法语，采用简单诗词的形式如"上帝在上，我们的爱情长"（God Above Increase Our Love）、"你是火焰，我也一样"（In Thee A Flame – In Me The

Same）或者一段暗语"快乐无止境"（Joie Sans Fyn）。《结婚戒指法案》实施后强制要求在结婚戒指上制作印记，于是铭文戒指的潮流很快退去。

一种称为"吉梅尔"（gimmel）的订婚戒指在 16~17 世纪非常流行，它的名字来自一对名为"Gemellus"的双胞胎。吉梅尔戒指由两个等大的戒圈组成，经常装饰珐琅或者铭刻文字，两只戒指可以契合在一起也可以两个人分别佩戴。两个圈环组成一个完整的饰品，具有高度的象征意义，我们都会奇怪这种吉梅尔戒指的时尚竟然能流行如此之久。另一种浪漫的情感象征是 18 世纪到 19 世纪早期的"费德戒指"（fede ring）或者称为"牵手"戒指。费德戒指有黄金、白银两种材质，其样式一般都制作成三个单独的圈环，圈环的底部有一个小的连接杆可以将圈环连接在一起又允许圈环能够旋转。当完全将圈环扣接在一起时戒指上面呈现出两只牵在一起的友谊之手，而当两只手分开的时候能看到中间有一个小的心形造型。这种设计方案在爱尔兰一度非常流行，

101

一只18世纪早期的铭文戒指。令人愉快的亲密关系，这些简单的情感信物上都铭刻了一系列迷人的铭文。S.J.菲利普斯公司

组合状态下的"费德戒指"或者"友谊戒指"，19世纪早期。S.J.菲利普斯公司

费德戒指打开的状态，展示了三个平面戒圈的组合结构。中间的圈环上面突起的结构是一个小的心形结构。S.J.菲利普斯公司

与它同时流行的还有一种"克拉达戒指"（claddagh ring），这种戒指的造型是两只手捧着一颗心，结构只是刻板的单独圈环。

两颗心形图案组合成的戒指和小胸针从18世纪到今天一直持续流行，长时间以来，外观没有发生多大的变化。但是乔治王时期的作品要优于其他时期的作品，这一时期的饰品都镶嵌了垫形的"老矿"钻石及宝石，镶嵌宝石的金属托底部是完全封闭的，有时能看到有一些雕刻成射线状的刻纹。早期这

些戒指的戒肩部分经常雕刻洛可可的涡卷纹饰，两颗心形的上面有时还装饰蝴蝶结或者小王冠的造型。维多利亚时期及其晚期的戒指更加闪亮耀眼，首饰大都使用镂空镶石座以及机械制作的戒圈，毫无疑问，这些宝石都采用了现代的切工。

毋庸置疑，心形是维多利亚时期所有饰品中最有影响力的情感符号，广泛应用在胸针、吊坠盒、手链以及袖扣中。

早期理想的心形饰品使用天蓝色或者海

带有小王冠的戒指，镶嵌心形钻石、红宝石，并装饰珐琅。这是一件非常好的作品，是18世纪早期的情感首饰。

乔治王时期带有王冠，镶嵌红宝石和钻石的双心戒指，约1800年。注意平面切割的宝石，这些宝石有时会在背面贴箔以增强它们的闪光。

程式化的双心戒指，带有蝴蝶结装饰，镶嵌红宝石、钻石和来自东方的珍珠，约1800年。有时这种戒指是现代的仿品，需要格外注意。

组合了很多 19 世纪吊坠盒的手链。吊坠盒上面的叶形装饰经常使用三到四种颜色的黄金材料，使这些配饰显得更加精致、漂亮。

细金丝工艺制作的鸽子胸针，约 1825 年。

心形黄金吊坠盒，约 1825 年，镶嵌了一组彩色宝石，宝石的英文首字母组合成为 "REGARD"（尊敬的）。这一时期流行的造型有：挂锁形、心形、钥匙形以及丘比特的形象。格雷斯 RBR 集团

19 世纪早期的友谊戒指，带有花环状的彩色宝石可以解读为 "REGARD"（尊敬的）。威力士拍卖行

黄金网状手链，约 1830 年。这件优秀的作品在袖口、手和圆环上都镶嵌了红宝石和钻石，强化了视觉效果。

军蓝色珐琅装饰，后来的作品经常群镶半圆珍珠或者玫瑰切工的钻石。最经典的作品在 19 世纪 30~40 年代非常流行，这是一种心形的吊坠盒，装饰有"三色花"或者"四色花"花卉纹饰的黄金表面镶嵌一排彩色宝石。这些彩色宝石英文名称的首字母组合成为 "REGARD"（即红宝石 Ruby、祖母绿 Emerald、石榴石 Garnet、紫水晶 Amethyst、红宝石 Ruby、钻石 Diamond 英文首字母组合，意为"尊敬的"）或者 "DEAREST"（最亲爱的）。带锁或者不带锁的吊坠盒上有时会悬挂一把小钥匙，盒

19 世纪早期的书本形黄金香水盒，
法国，约 1825 年。

19 世纪早期，镶嵌钻石的吉他胸针。这种胸针经
常有一个能够存放头发的结构，假如作为香水盒的话，
内部会有黄金材料制成的栅格状结构用来压住浸有香水
的海绵。本特利和斯金纳公司

子里面可能会有一缕女士的头发。

传递亲密情感是维多利亚时期早期浪漫
首饰的重要特征，这些首饰拥有广泛的情感
主题：丘比特、箭、钥匙、挂锁、锚和蝴蝶
结等，各种彩色宝石（特别是绿松石、珍珠、
红宝石和钻石）镶嵌在精细雕刻花纹的镶石
座上，然后装饰花丝、珠粒以及细金丝工艺
的涡卷纹饰。花朵也能够表达心境和情感，
玫瑰表示高兴和爱意，常春藤意为友谊，金
雀花表示谦恭，绿松石代表回忆，三色堇表
示永驻我心。18 世纪晚期到 19 世纪法国的
戒指、胸针以及印章都是令人腻烦的情感主
题，浮雕和凹雕中描绘的主题有：胖胖的小
丘比特、鸽子、小笼子里面的爱情鸟以及拴

在小战车上的狮子，意为"拴住爱情"或者"爱
情永驻"。

坚定不移的挚爱同样是这一时期的主
题，最具代表性的是 18 世纪晚期到 19 世纪
早期的悼念首饰，经典样式的胸针和戒指上
面都有一个小玻璃窗，小窗中的画面是一位
在带基座的骨灰瓶旁边哭泣的妇女，很显然
逝去的是至亲。这些饰品大都装饰蓝色、白
色的珐琅，周围经常镶嵌玫瑰切工的小碎钻
或者米粒珠来象征眼泪，有时也在背后雕刻
合适的铭文。

维多利亚时期晚期，英国淹没在廉价、
美观的情感饰品中，从银质的名字胸针到小
件镶嵌彩色宝石或者半圆珍珠的花卉形、马

乔治王时期一组情感饰品，镶嵌钻石、珐琅、半圆珍珠以及彩色宝石的胸针，显示出当时这些设计主题的流行程度。左上方的粉色托帕石胸针以及旁边镶嵌半圆珍珠的胸针都非常典型。

维多利亚时期镶嵌绿松石的黄金鸽子胸针，鸽子口中衔着一串勿忘我，约1845年。

一枚小巧的、镶嵌绿松石的盒式戒指，里面装有一幅小的绘画，画中人物可能是维多利亚女王，约1840年。

三件维多利亚时期晚期的情感首饰。

蹄铁形以及鸟类，特别是燕子形状的黄金别针。廉价并且雕刻各种花纹的心形吊坠盒非常流行，这种吊坠上下都使用黄金制成，内部可以容纳一张照片或者一绺头发。外形呈圆形，使用黄金或者镀金材料镶边的玻璃吊坠中展示的照片却是勇敢参加布尔战争（Boer Wars）的年轻士兵。毫无疑问，在第一次世界大战的前几年里这种回忆性的纪念品数量急剧上升，如带有军团标志的条形胸针，使用泥炭栎制作的三叶草"徽章"形爱国别针，代表幸运的马蹄铁形吊坠、装饰别针、手镯等。

维多利亚时期晚期的双心形胸针，心形上面带有一个小王冠，镶嵌红宝石、钻石和蓝宝石，宝石的颜色正好搭配成爱国色，该饰品制作于 1897 年维多利亚女王登基 60 周年。威力士拍卖行

拓展阅读

The Triumph of Love: Jewellery 1530-1950, Geoffrey C. Munn (Thames Hudson).

Victorian Jewellery, Margaret Flower (Cassell).

A History of Jewellery 1100-1870, Joan Evans (Faber & Faber).

Jewellery in Britain 1066-1837, Diana Scarisbrick (Michael Russell Publishing Ltd.).

第十二章
19 世纪复古主义的历史

1851 年世界博览会
（The Great Exhibition）

19 世纪中期，处于维多利亚时期的英国成绩斐然，人们享受着优越富有的生活，那时的文化生活必然是灿烂、丰富的。旅游产业的蓬勃发展意味着人们能够到达巴黎、罗马、威尼斯、佛罗伦萨等欧洲国家和地区，更远的还可以到达雅典和异域的开罗去瞻仰伟大的建筑以及古代的珍品。这些无畏的探险家从非洲、亚洲和东方带回了旅行中购买的艺术品和商品。1851 年，英国举行了一次艺术品的盛大聚会——"世界工业博览会"。这个占地 19 英亩（约 76890 平方米）的地区即我们随后所知的水晶宫（Crystal Palace），富有、文化多样的大英帝国使这个博览会惠及了 600 多万名游客。毫无疑问，这次展览同样为国际首饰提供了一个独一无二的展示舞台，这些首饰的艺术创作灵感也相当丰富，来源于自然、建筑、教堂、文艺复兴、中世纪以及古罗马等多个方面。

约翰·道森·沃森（John Dawson Watson）绘制的《毒杯》（*The Poisoned Cup*），展示了在 1869 年非常流行的哥特式的项链，这一年他的这张水彩画刚好完成。私人收藏；布里奇曼艺术图书馆

古典复古主义
（Classical Revivalism）

回顾 150 年前，我们有点难以理解维多利亚时期人们对于古代珍宝的那种压倒性的、近乎痴迷的状态。勇敢的探险家们发现了那些被人们长期遗忘的文明，如亚述（Assyria）、伊特鲁里亚（Etruria）、美索不达米亚以及希腊，而且许多文物仍然保存完好，这些文物无论是设计还是工艺方面都是出类拔萃的。很快，人们开始呼吁首饰也要与那些美得窒息的古希腊黄金项圈、古罗马贴颈链、手链、亚述臂钏以及伊特拉斯坎耳坠相匹配。19 世纪 60~70 年代，称为考古学风格首饰的饰品应运而生，无论从时尚还是佩戴方面都代表了一个重要的发展阶段，这一时期在意大利、法国以及英国都涌现出大量优秀的首饰匠人，他们也成为 19 世纪首饰设计风格演化的关键人物。

毫无疑问，制作考古学风格首饰的工匠中最受欢迎的是费顿那多·皮·卡斯特拉尼（Fortunato Pio Castellani, 1793~1865 年）。早在 19 世纪 30 年代早期，卡斯特拉尼和他的儿子亚历山德罗（Alessandro, 1824~1883 年）就开始尝试已经失传的伊特拉斯坎金珠粒工艺。这种工艺要求在各种花丝涡卷纹装饰的光滑表面焊接成百上千的小珠粒。尽管卡斯特拉尼没有完全达到古代工匠的实力，但他实实在在地生产了一系列黄金首饰，并经常镶嵌罗马和希腊时期的硬币、宝石浮雕或者凹雕以及用玛瑙、青金石等玉

一件带有植物纹饰的吊坠盒，这是 19 世纪考古学风格黄金饰品中的极品之一。

卡斯特拉尼黄金公羊头胸针，带有一个双耳瓶的坠饰，约 1860 年。

石雕刻的埃及圣甲虫来强化古典的设计理念。卡斯特拉尼过世后，亚历山德罗和他的弟弟奥古斯托（Augusto，1829~1914 年）继续卡斯特拉尼的事业，主要从那不勒斯输出大量产品，同时在伦敦和巴黎设置分支机构。虽然那一时期生产的大量产品都能够保存到 20 世纪，但是这些今天出现在市场上的作品却少得令人吃惊。品质精良的作品很容易卖到 5 位数的价格，当然要考虑饰品的保存品相。卡斯特拉尼的印记是两个背靠背相互缠绕的"Cs"组合而成。

古典的设计思想被融入那些容易与古代联系起来的符号中。流行的古典设计符号有双耳瓶，这是一种盛酒的容器，它的形状正好可以作为项链或者耳坠的垂饰；还有一种球形罐，这是一种圆形空心的容器，上面经常刻一些拉丁词语，如"pax"（和平女神），或者"Roma"（罗马）。罗马式的搭扣是一种简单的饰品，用来固定斗篷；而像莲花、圣甲虫、法老王以及狮身人面像等这些埃及的象征符号被不遗余力地应用到以微型马赛克为表现手段的吊坠、胸针中。

与卡斯特拉尼同时代并且非常受欢迎的首饰匠还有贾钦托·梅利洛（Giacinto Melillo，1846~1915 年），他擅长在古典的图案，如丰饶角或者丘比特像上面制作精细的金珠粒。在建立自己的工作室之前，他一直在卡斯特拉尼的那不勒斯店里学习。

考古学风格的黄金耳坠，约 1860 年，它们的设计忠实于古典的理念。S.J. 菲利普斯公司

卡斯特拉尼制作的考古学风格黄金胸针，使用三种颜色的马赛克片装饰，约 1860 年。S.J. 菲利普斯公司

意大利考古学复古风格胸针和耳坠，黄金镶嵌珊瑚的半套装首饰，展示了几种流行的古典符号，约1870年。约翰·杰西

古典的黄金吊坠，可能产自意大利，约1860年。

埃内斯托·皮埃雷（Ernesto Pierret，1824~1870年）和尤金·丰特奈（Eugene Fontenay，1823~1887年）都善于制作带有马赛克和珐琅装饰的黄金项链、吊坠。约翰·布罗格登（John Brogden，活跃于1842~1855年）是一个伦敦首饰匠，他的作品精美而且技术性很强，他擅长在装饰彩色珐琅的黄金上镶嵌精美浮雕，或者在结实的手镯、胸针上镶嵌珊瑚、绿松石以及弧面的铁铝榴石、镁铝榴石，他的作品具有很强的亚述风格。

哥特复古主义
（Gothic Revivalism）

19世纪工匠们使很多古代失传的技术和设计风格得到复兴，英国和法国的工匠同样着迷于艺术、文化中能够与中世纪相联系的象征符号。古典复古风格的首饰大多使用明亮的黄金镶嵌宝石，最大限度地接近13、14世纪首饰的风格，而19世纪的"中世纪"风格首饰流行使用银镶嵌最普通的弧面宝石或者平面的彩色玻璃。

哥特复古主义从19世纪30年代持续到19世纪90年代晚期。很多柏林铁首饰深受中世纪的设计影响，闪亮的黑色金属也令人赞

一对 19 世纪考古学风格的黄金耳坠，深受埃及文化的影响，镶嵌微型马赛克，产自意大利，约 1865 年。威力士拍卖行

约翰·布罗格登制作的具有亚述风格的黄金吊坠，镶嵌了卡拉布雷西（Calabresi）制作的精美浮雕，浮雕主题是赫拉克勒斯与尼米亚（Nemean）猛狮搏斗。浮雕大概制作于 1815 年，早于金属框架 6 年左右。浮雕的前景中，每个交叉的"栅栏"上都有一个凸点。

叹，这些主题显然受到来自教堂建筑、角度和各种神祇的启发。方斯瓦德泽利·福蒙莫里斯（François-Désiré Froment-Meurice，1802~1855 年）是巴黎华丽装饰品方面有名的手艺人，擅长制作三维手链、胸针以及时尚的被称为"教堂式"的黄金和氧化白银组合的饰品。骑士风度、浪漫的亚瑟王时期、穿着闪亮盔甲的骑士以及巨大的怪人深刻地影响了具有哥特式品位的手艺人。英国两位最有名的设计师是 A.W.N. 普金（A.W.N. Pugin，

1812~1852 年）和建筑师威廉·伯杰斯（William Burges，1827~1881 年），他们两个受宗教符号的影响，使用金银材料制作了很多精美的回忆性首饰。朱尔斯·维斯（Jules Wiese，1818~1890 年）和他的儿子路易斯（Louis，1852~1923 年）将简单弧面切工的红宝石、蓝宝石镶嵌在手工捶打出的黄金首饰中，形成质朴、原始的"中世纪"风格。这种特色，使维斯制作的作品在今天仍然广受欢迎，而且非常昂贵。到 19 世纪末色彩鲜艳的

110

　　一只锻造的手镯，上面描绘的是一个乡下人在欢宴中发酒疯，约 1870 年。这件作品是 19 世纪法国复古风格黄金饰品中的精品。

　　乔治和龙吊坠，银质，东欧珐琅作品，约 1895 年。做工粗糙，珐琅质量也很差，镶嵌一颗垂坠的珍珠，与首饰对比起来显得非常小，这是哥特复古主义风格饰品中较差的代表作品。

　　四瓣花样式的哥特式复古胸针，有强烈的宗教色彩。S.J. 菲利普斯公司

朱尔斯·维斯在1860年前后制作的哥特式复古项链，非常简洁，使用简单到几乎原始的宝石，如弧面的浅色红宝石和蓝宝石。那些雕刻的肖像都是中世纪的学者。 S.J.菲利普斯公司

珐琅、镶嵌宝石的银质吊坠和项链风靡整个欧洲。"奥匈帝国"首饰将哥特和文艺复兴风格组合到一起，应用了"虔诚的鹈鹕""圣乔治屠龙"等传统、传奇主题。这一时期粗糙、浮华又比较普通的欧洲大陆风格首饰价格一般低于200英镑。

文艺复兴复古主义
（Renaissance Revivalism）

19世纪60~80年代，几个有才能的首饰匠人开始将新古典风格和新文艺复兴风格组合起来制作作品。16世纪和17世纪早期首饰绚烂的色彩和富有想象力的设计影响了19世纪的首饰匠人，他们开始尝试制作带有

111

哥特式复古风格的平片手链，维斯制作，银质。这件作品非常罕见，更难得的是它保存在原装的盒子里。S.J.菲利普斯公司

嘴里含着钻石的吐火兽胸针。这种吐火兽胸针在19世纪70~80年代非常流行，法国和德国都有生产。威力士拍卖行

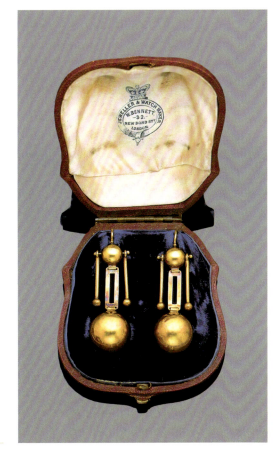

黄金耳坠，由球形和基座形结构组成，很有古典的味道，约1875年。设计优雅，保存状态很好的维多利亚耳坠在市场上非常受欢迎，这对耳坠可以在拍卖会上拍个好价格。威力士拍卖行

各种彩色珐琅装饰的黄金吊坠、项链、胸针、耳坠，这些首饰上经常镶嵌有玉石的浮雕，另外还有各种使用半宝石和名贵宝石镶嵌的大型帆船（称为"nefs"）、传奇的怪兽、古典的神灵、动物以及鸟类造型首饰。

在 19 世纪新文艺复兴风格首饰中，珍珠是非常重要的。和早期同时代的首饰一样，吊坠经常镶嵌形状不规则的巴洛克珍珠，这些珍珠有时与其他小宝石搭配镶嵌，有时与黄金一起制作成动物的形象，如海蛇或者美人鱼。那些模仿 19 世纪作品的仿品经常与真品非常相似，很难说出它们跟真品的区别，事实上它们经常会导致一些有理有据，而且非常激烈的纠纷。

新文艺复兴风格的首饰中有一种特别流行的饰品，称为霍尔拜因式首饰。这种饰品使用几种不同颜色的珐琅装饰，然后镶嵌

各种宝石组合，如弧面石榴石以及浅绿色的贵橄榄石，这种色彩缤纷的吊坠和项链大多产自 19 世纪 70 年代，那些在金属框架背面的精细的花卉以及涡卷纹图案成为这种首饰的重要标志。19 世纪前半叶欧洲盛行的浪漫主义运动深刻地影响了新文艺复兴风格的首饰。大多数首饰匠人都与时尚保持紧密联系，在古董首饰制作中最有代表性的是卡鲁·朱利亚诺（Carlo Giuliano，1831~1895 年），他是那不勒斯人，早期在卡斯特拉尼工作室学习，随后定居在伦敦并在皮卡迪利（Piccadilly）大街 115 号开设了自己的商店，专门制作古典和文艺复兴风格的艺术首饰。朱利亚诺善于在工艺精湛的锻造金属上使用珐琅材料，在珐琅制作过程中经常使用颜色对比鲜明的小块面进一步装饰，与布顿珍珠以及宝石镶嵌结构相匹配更能显示出一

卡鲁·朱利亚诺制作的考古学风格流苏项链，非常精致，约 1870 年。朱利亚诺在古典黄金首饰和文艺复兴风格的珐琅饰品方面多才多艺。作者收藏

12

法国文艺复兴风格项链，镶嵌各种彩色宝石，这种相对廉价的首饰经常镶嵌石榴石、黄水晶、绿松石、贴箔的水晶和紫水晶等宝石。

霍尔拜因式吊坠，装饰珐琅材料并镶嵌祖母绿、钻石。约1870年。

一张1870年前后的小型女士画像。注意那件霍尔拜因式吊坠与前面的作品风格非常相似。

卡鲁·朱利亚诺最成功的作品之一。一条黄金项链和一对耳坠，镶嵌镁铝榴石并在花萼上装饰绿色珐琅，在花朵之间制作了带有珐琅的装饰并镶嵌珍珠，标记时间为 1867 年 11 月。

种低调的风格，而不彰显它们的奢华价值。

朱利亚诺去世后，两个儿子卡鲁（Carlo）和亚瑟（Arthr）继承了他的艺术理想，他们制作了很多精致低调的首饰作品，这些作品大都使用黑色、白色珐琅进行装饰。卡鲁·朱利亚诺的签名是带有涡卷花饰的 "CG" 字母组合，晚期的作品签名是 "C&AG"。需要注意的是，他们的签名特别容易仿冒，而且也非常普遍。

罗伯特·菲利普斯（Robert Phillips，1810~1881 年）也是一名精通新古典和新文艺复兴风格主题的首饰大师。他制作精致的考古学风格黄金作品，尤其善于用珊瑚制作流苏项链的坠饰，"考克斯伯大街

卡鲁·朱利亚诺制作的项链和吊坠组合，镶嵌欧泊并装饰珐琅，使用原装盒子盛放。

的菲利普斯"（Phillips of Cockspur Street）可谓家喻户晓。而后，他制作了一系列"都铎"风格的十字形黄金吊坠，这些作品与朱利亚诺的作品非常相似，区别在于使用了缟玛瑙等多种粗犷的玉石。罗伯特·菲利普斯的作品签名一般是带有威尔士亲王（Prince of Wales）羽毛的盾形图案，或者"RP"组成的字母组合。1881年罗伯特·菲利普斯去世后，他的儿子阿尔弗雷德（Alfred）接手了他的生意，阿尔弗雷德善于制作黄金质地的自然涡卷纹吊坠、胸针，然后在饰品上装饰几种半透明的彩色珐琅，同时镶嵌当时流行的宝石，如欧泊、翠榴石、钻石等。

（左）罗伯特·菲利普斯制作的胸针，装饰缠绕的花纹并镶嵌一颗石榴石，约1870年。菲利普斯善于使用珊瑚和意大利贝壳浮雕，被称为"考克斯伯大街的菲利普斯"。他也是支持卡鲁·朱利亚诺在伦敦开店的坚决拥护者。S.J. 菲利普斯公司

（右）在石榴石胸针的背面能看到作者菲利普斯的印记。

卡鲁·朱利亚诺受文艺复兴风格影响制作的黄金十字吊坠，装饰珐琅并镶嵌珍珠。朱利亚诺的首饰盒与里面盛放的首饰一样漂亮，带有原装盒子的饰品价格会更高。S.J. 菲利普斯公司

拓展阅读

Castellani and Giuliano – Revivalist Jewellers of the 19th Century, Geoffrey C.Munn (Trefoil 1984).

Pre-Raphaelite to Arts and Crafts Jewellery, Charlotte Gere and Geoffrey C.Munn (Antique Collectors' Club).

第十三章

普通金属首饰和材料

刻面钢（Cut Steel）

刻面钢在首饰制作中是一种效果非常好的普通金属材料，在18世纪和19世纪时非常流行。与铅玻璃不同，这些刻面钢不那么容易与钻石混淆。刻面钢首饰可以在人造光源下获得绚丽的效果，有很多18世纪的完美作品可以与精细制作的珠宝首饰相媲美。

刻面钢的使用历史最早可以追溯到16世纪，但是直到18世纪中叶才在英国和法国大量生产。英国刻面钢主要产自牛津郡（Oxfordshire）的伍德斯托克（Woodstock），这里生产了很多日常的配

饰，如腰挂链、搭扣、纽扣以及带有印章的表链。钢材非常适合制作腰带：灰亮色的外观很有商业气息，另外钢材非常结实耐用，又非常适合垂坠小剪刀、顶针、铅笔以及钥匙等各种居家小配件。

从18世纪60年代开始，伯明翰的Soho区就开始生产大量的刻面钢。最大的生产商是企业家麦修·博尔顿，相比精致的纽扣、蝴蝶结，他更了解蒸汽机。早期的刻面钢都在顶部切割出很多抛光的小面，然后铆接在基础材料上。18世纪的作品有时会将钢丝网与抛光的花卉以及类似四叶形装饰的

117

由法国刻面钢、蓝色玻璃、银制作的胸针，约1880年。注意每个刻面钢的刻面数量，这是早期刻面钢首饰的评判标准。后来制作的这种首饰只有5个刻面，而且非常粗糙。作者收藏

上面是两条18世纪钢制网状手链，带有花朵和抛光的四叶形装饰亮片。下面是一对耳坠。琳达·摩根

典型的刻面钢饰品，19 世纪。
琳达·摩根

形象的刻面钢胸针、纽扣，维多利亚时期。鱼形和锚形是非常新奇的设计，会比其他形状更受欢迎。戴安娜·弗雷

金属片组合在一起，同时，忠实于新古典艺术的主题，这些刻面钢被穿成线状，然后安装到钩扣上，再镶嵌仿制珍珠或者描绘各种神话神祇主题的瓷片。

每个刻面钢顶部的小面都能产生必要的闪光效果，18 世纪的饰品中每个刻面钢都有 15 个以上的刻面，而 19 世纪量化生产饰品中的刻面很多时候都少于 5 个刻面。维多

118

18 世纪末 19 世纪初的刻面钢项链，镶嵌珠母贝。琳达·摩根

利亚时期的刻面钢饰品非常粗糙而且乏善可陈，与稍早时代的饰品相比价格低很多。观察这些饰品的背面可以更容易区分这两个时代的作品：早期的刻面钢饰品是独一无二的手工铆接效果，稍晚一点的机械生产的饰品却没有这种效果。事实上，很多晚期的作品由冲压金属条制成，这无疑背叛了它们"工厂"的起源。

如今项链和头冠非常抢手。流行的项链样式是星形或者花卉组合（有时可以转动）。有时候还有称为"pampilles"的小饰品悬挂在下面。手镯非常常见，一般由四到五条刻面钢并排在一起组成，都是将球形的尾端塞入背面的孔洞中使之固定。流行的胸针样式有组合的环形、星形或者花卉造型。蝴蝶、孔雀、鱼、昆虫以及哈雷彗星等新奇样式的饰品价格较高。耳坠非常少，当然也非常贵。

刻面钢最大的缺点是放在潮湿的环境中容易生锈。铁锈非常难看，会不断扩散，而且去除这些锈迹必然会破坏饰品本身。

柏林铁艺

从表面来看，人们对那些黑色铁质的项链不会有太大的兴趣，但是柏林的铁艺首饰却是新古典艺术的杰作，为首饰艺术的收藏者们提供了很多漂亮的、精致的作品。

铁艺首饰确切的起源已无迹可寻，在18世纪晚期西里西亚（Silesia）普鲁士省（Prussian province）的格莱维茨（Gleiwitz）就有一家铸造厂特别擅长制作像蜘蛛网一样精细、连续的灰色铁网。1804年，一家称为"柏林皇家工厂"（the Royal Berlin Factory）的企业在柏林成立，专门生产铁质功能性和装饰性的工艺品，包括搭扣、钥匙、打火机、钱包等小物件；也生产门、护栏、扶手、桥梁等大型的工业产品。

1813~1815年，铁艺首饰真正发展成一种特色商品开始量产，当时的普鲁士国王为筹集对抗拿破仑的军费发动贵族成员"捐献"黄金和珠宝，使爱国主义的诉求完美地融入人们的心里，当人们捐献出他们的黄金珠宝时，作为回报，他们可以得到铁艺的

上面是19世纪早期柏林带有搭扣的铁丝网手链，铸造了威灵顿（Wellington）的头像；下面是精致的窗花式铁艺胸针，约1815年。帕特·诺维西西莫

119

两条 19 世纪早期的铁艺手链，组合了新古典和哥特风格的装饰主题。玛德琳·波珀

两只 18 世纪末 19 世纪初的新古典风格铁艺搭扣，有一只使用刻面钢制作。格雷斯 RBR 集团

项链、十字架、胸针、手镯等饰品，有的上面刻有鼓舞性的短句："我用黄金换铁艺"（Gold Gab ich für Eisen）或者"为祖国换福利"（eigetauscht zum Whole des Vaterlandes）。根据生产规模进行估算，仅1814年就生产了41000多件铁艺首饰。

柏林铁艺首饰需要根据设计雕刻出蜡模，然后将蜡模放入装有细沙的铁箱中，当蜡模取出后，熔化的铁流进原有的空腔中。冷却后，从沙子中取出这些铁艺部件进行清洗和手工加工。完成的饰品涂一层由亚麻籽油和白色沥青制成的清漆防止生锈，最后再涂一层黑色漆以延长保护时间，使饰品产生迷人的黑色光泽。

铁艺首饰也经过了几次对比强烈的风格转变。大约从1800年到1820年新古典主义风格占主导地位，典型的项链由椭圆装饰片组成，装饰片上描绘有神话中的神祇、仙女、丘比特以及鸣禽，这些装饰片再由链条或者铁质丝网连接起来。有时，这些装饰片的边缘上会镶嵌一层很薄的金边或者使用带有铁质星形和亮片的丝网进一步装饰，人们称之为"金箔片"（paillettes）。

1815~1830年，新古典主义风格让位于自然主义风格，花卉、叶子以及蝴蝶的形状成为设计主题。在手镯和项链中流行的主题是扇贝形或者常春藤形叶子，精细的镂空突出叶脉的纹理和茎秆。19世纪30年代后期，浓厚的哥特风格进入日常设计，其特征是装饰结构趋向繁缛，使用复杂的涡卷纹饰或者四叶花的样式，相比于精致的首饰，这种饰品更容易使人联想到教堂建筑。哥特式铁艺饰品的造型大都来源于精致的、带有装饰性涡卷纹和圣像的柱子。

1850年前后，柏林铁艺饰品迅速降温，而法国从19世纪20年代开始将铁艺首饰作为悼念首饰使用。有几家主要生产者的作品非常受欢迎：最有名的大概是约翰·康拉德·盖斯（Johann Conrad Geiss），他

装饰精细的哥特式风格柏林铁艺手链，每节呈片形，盖斯制作。格雷斯 RBR 集团

精致的扇贝形装饰铁艺项链。盖斯（Geiss）制作，1820~1830 年。玛德琳·波珀

活跃在 19 世纪 30 年代；另外还有德瓦安尼（Devaranne），他的作品在 1851 年的世界博览会中展出过。

马克赛石（Marcasite）

马克赛石在今天是众所周知的宝石，在 20 世纪廉价的装饰品中得到广泛的应用。它最早可以追溯到 18 世纪，镶嵌在纽扣和搭扣等相对廉价的饰品上，便宜精致的银饰也经常镶嵌马克赛石。

122

马克赛石是一种黄铁矿，有时被称为"愚人金"，打磨出刻面后可以展现出特有的灰黄色闪光。这意味着这它特别容易与刻面钢混淆，特别是在 18 世纪晚期或者 19 世纪早期。马克赛石普遍应用在新古典风格的首饰中，经常镶嵌在陶瓷浮雕饰品的边缘、"考克珠"项链中以及为仿制名贵珐琅而制作的钻蓝色玻璃杯上。

铝

"光亮洁白"的铝在 19 世纪和哥特复古主义时期非常稀有、珍贵。铝的表面大都錾刻各种精细的涡卷纹，它经常镶嵌在使用镀金材料作为背景的饰品中以缓冲其生硬的亮白色。现代的铝质首饰常常使用阳极氧化的工序对表面进行精细的着色。

炮铜

19 世纪晚期，炮铜广泛应用在丝网钱包、腰挂链、烟盒、火柴盒等配件中，也用于制作各种首饰、链条以及怀表的表壳等，这种材料呈现出一种特殊的深蓝色和缎面般的效果，与各种宝石搭配起来能够呈现出理想的色彩，如果使用小碎钻装饰效果会更明显。炮铜一度在俄罗斯、德国和奥地利非常流行，但是其容易生锈的特点和缺陷非常影响它的价值。

皮奇比克合金

皮奇比克合金是克里斯多夫·皮奇比克发明的一种锌和铜的合金，皮奇比克是舰队街的一名钟表匠。这种合金满足了仿金材料的所有要求，依靠自身的特性就可以制作成

新艺术运动时期的炮铜烟盒，使用白银加强对比。格雷斯 RBR 集团

日本赤铜合金工艺胸针，约 1870 年。赤铜合金工艺起源于刀剑生产工艺，赤铜合金本身是黄金和铜的合金，然后再在其上装饰金、银材料使之呈现出花鸟等东方图案样式。格雷斯 RBR 集团

维多利亚时期早期皮奇比克合金制作的头冠，镶嵌绿松石颜色的蓝玻璃，约 1830 年。典雅精致的花束上面镶嵌了无色铅玻璃进一步装饰，中间穿插了三只翩翩起舞的蝴蝶。桑德拉·柯南

皮奇比克套链，约 1825 年，带有一个典型的乔治王时期的搭扣。戴安娜·弗雷

案台印章，使用皮
奇比克合金和錾刻花纹
的铁件制作，约 1800
年。威力士拍卖行

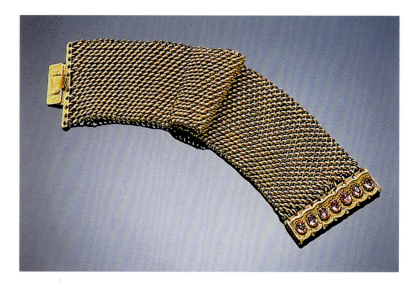

皮奇比克合金制作的丝网手链，约 1825 年。这种手链经常是成对的，并且使用彩色铅玻璃或者带条纹的玛瑙来装饰搭扣部分。布瑞恩和雷尼·赫莫斯

朴实的套链、成对的丝网手链、长款装饰耳坠以及镶嵌彩色玛瑙或者玉石的胸针和项链。

124　　19 世纪非常流行将怀表里面带有装饰花纹的保护结构取出来镶嵌在一起制作成非常有效果的项链，这些皮奇比克合金制作的饰品非常精致，而且绝对没有重复的图案。

不要将皮奇比克合金和后来质量低劣的镀金材料相提并论，后者长时间使用后会褪色。

拓展阅读

Cut-Steel and Berlin Iron Jewellery, Anne Clifford (Adams & Dart).

Victorian Jewelry : Unexplored Treasures, Ginny Redington Dawes and Corinne Davidov (Abbeville Press Publishers).`

一组价格低廉的英国彩色珐琅蝴蝶胸针，使用银和其他金属制作，20 世纪前半叶。约翰·杰西

125

第十四章
配饰和功能性首饰

鞋扣

如果你想开始收藏古董首饰，没有比从乔治王时期的鞋扣开始更好的选择了，这种饰品相当常见而且意想不到的便宜，在整个18世纪，鞋扣是男女鞋上必备的装饰。

乔治王时期的鞋扣经常是椭圆形或者长方形，外形稍微弯曲以适应脚背。鞋扣中间的主要部分是扣舌和扣针，大都使用钢材制作。麦修·博尔顿不仅是刻面钢的制作先锋，同时也是这一时期主要的鞋扣制作者。

18世纪20~50年代的鞋扣经常有雕花的银制框架，1750~1800年制作的鞋扣大都镶嵌铅玻璃。镶有无色铅玻璃的鞋扣非常常见，有色铅玻璃饰品就相当稀有，同时陶瓷、锡以及法国煤玉（黑色玻璃）制作的鞋扣也经常批量出现在拍卖会上。

今天，佩戴鞋扣已经不怎么时髦了，这是它最大的缺点。有些鞋扣被改装成胸针，但这样会降低它的价值。另外一个问题是，很难找到成对的鞋扣，你可以想象在250年

乔治王时期的纽扣，外围镶嵌一圈无色铅玻璃，皇家蓝色的珐琅中带有金黄色、白色点状装饰。英国，约1825年。私人收藏

三对鞋扣。上面两对是18世纪晚期的作品，底下一对是19世纪的。由于鞋扣是日用品，大多数的藏品都有可能丢失或者损坏，相对于那些单只的鞋扣，这几对在市场上更受欢迎。桑德拉·柯南

126

前，它们是日常佩戴的饰品。所以那些成对的，并且安放在原装盒子中的鞋扣非常值得收藏。

纽扣

纽扣现在在市场上非常抢手，品相好的18世纪六只或十二只的套装纽扣可以估价到几百或几千英镑。纽扣制作的取材非常广泛，价格也适中，而使用黄金制作的以及镶嵌宝石的纽扣可以追溯到17世纪，到20世纪20年代和30年代以卡地亚为代表的企业生产了很多优雅的铂金、黄金、钻石以及首饰级别的纽扣与当时的袖扣和扣针搭配。

完整的套装是至关重要的，任何一只纽扣的缺失都会非常明显地降低藏品的价值。一个原装盒子里面装着七只纽扣，对于收藏来说，剩下的那一个空位是永远无法补救的烦恼。

在古董纽扣的设计中，常见的作品包括：18世纪早期使用白银镶嵌无色的铅玻璃来模仿钻石效果的设计样式，镶嵌一圈刻面钢的设计样式（18世纪和19世纪大量生产），在带有洛可可纹饰的镀金材料上使用彩色珐琅绘制浪漫风景的设计样式，以及19世纪90年代之前大量生产的新奇主题设计。

对于今天的收藏者来说，他们最钟爱的作品莫过于新艺术运动时期的作品，这一时期的作品都精美至极，每只纽扣都装饰花朵纹饰或者美女头像的浮雕，有时还使用蓝色或者绿色的珐琅做进一步的装饰。

那些带有利伯蒂、查尔斯·荷纳（Charles Horner）或者莫如尔·本内特（Murrle Bennett）签名的作品非常抢手，当然作品保存的完好程度也同样重要。

长柄眼镜

"lorgnette"这个法语单词广泛地涵盖了一系列功能性的装饰物，包括18世纪歌剧和剧院中流行使用的微型望远镜，以及读书时使用的长柄眼镜。当时的单片眼镜（Quizzing glasses）只有一片镜片，使用末端的长链子或者丝带佩戴。长柄眼镜在19

一副维多利亚时期早期的黄金弹簧长柄眼镜，约1845年，带有黄金的装饰。S.J.菲利普斯公司

一副银质长柄眼镜，约 1910 年，装饰有绿色和紫色的四叶草的图案。这种颜色的搭配说明该作品可能是为一位妇女参政运动的拥护者制作的。塞尔维·司柏科措姆

些实用的配件，如小盒子、剪刀、怀表、香水瓶以及小钱包等。18 世纪的精品腰挂链经常使用三、四种颜色的黄金材料，表面錾刻花纹或者镶嵌宝石作为装饰。精致的法国腰挂链使用珐琅绘制出小的风景画，同时将怀表、怀表钥匙和小印章组合在一起。18 世纪皮奇比克合金质的腰挂链经常悬挂几种针线盒。那些保存完整而且所有容纳物品都齐全的腰挂链套装是非常难得的。

世纪得到广泛普及，相对廉价的眼镜使用银、镀金材料、炮铜或者玻璃制作。大多数的长柄眼镜可以通过收缩筒状的结构打开，或者压缩其中的杠杆使镜片弹开，过度使用会减弱其机械功能，从而影响藏品的价值。

腰挂链

腰挂链作为最实用的日常配饰，从 18 世纪早期一直流行到 19 世纪末，它的实用价值大于装饰价值。

腰挂链由一个能钩挂在腰带上的黄金、白银、钢或者镀金材料制作的盾形钩子和垂坠的一系列链条组成，每条链条都悬挂了一

新古典风格的腰挂链，约 1800 年，镶嵌了蓝色的玻璃片，底下挂有怀表、配套的钥匙以及印章。本特利和斯金纳公司

128

印章

印章可以分为两种：一种是小印章，可以佩戴在怀表链上面或者作为腰挂链的附件；另一种是案台印章，正如你想象的那样，这种印章一般比较大，在法律文件或者正式场合使用。

印章是出现最早的艺术品之一，可以追溯到人类文明的初期，有彩陶制作的也有黑陶制作的，外形大都是时尚的圆柱形，以方便在火漆上面滚动。简单粗糙的中世纪印章经常容易与稍晚一些出现的用银或其他金属制作的作品混淆，18世纪中期用钢制作的"詹姆士二世党人"小印章很常见，印章上面经常雕刻头像或者盾形纹章。有时候会把印章

的"印章面"制作成能够转动的滚轮结构，这是维多利亚时期印章的一个特点，三个面镶嵌黄水晶等半宝石，宝石上经常刻有盾形纹章以及使用者的字母组合。

18世纪中晚期，印章的特征是经典的微缩样式。底座或者把手经常是标志性的钟形，这是当时的主流风格；底座上镶嵌贴箔的紫水晶、黄水晶、无色水晶或者是雕刻有头像的玛瑙、缟玛瑙、玉髓等玉石材料。在保持19世纪初期情感首饰特点的基础上，印章都非常小巧精致，经常使用几种不同颜色的黄金材料制作成浮雕样式。玉石印章有时会雕刻出具有女性特征的装饰，如飞行中的鸽子，用来表达"友情"或者"赠予"等简单的情感。这些印章经

一套黄金小印章和一把怀表钥匙，安装在一个带有乔治王时期浮雕的黄金圆圈上，1825~1830年。 威力士拍卖行

黄金印章，底座是两条盘曲的蛇形，滚轮上镶嵌了一系列贴箔的半宝石。这个珠宝印章肯定非常结实，制作精巧的案台印章在19世纪40年代前后应用于商业和法律文件中。S.J.菲利普斯公司

非常罕见的蜂巢形印章。里面有一绺头发和一段铭文说明：从圣赫勒拿岛的拿破仑手中获得，1819年7月22日。这是非常令人同情的，因为蜜蜂是拿破仑的个人象征。

常使用红宝石、绿松石以及半圆珍珠等小粒宝石进一步装饰，不知道是不是印章里面也会留一个盒子的结构去盛放一些头发。

维多利亚时期的印章非常常见，质量参差不齐，许多印章增加了金属的内芯来适应每天使用的强度。一定要注意那些称为"黄金印章"的作品，大多数 19 世纪 40~60 年代制作的印章使用简单的镀金材料和玻璃制作，做工非常粗糙，而 19 世纪晚期的印章大都使用 9K 的黄金制作，镶嵌玛瑙或者血玉髓，如果这类印章垂挂在黄金怀表上，那这件藏品的价值是非常可观的。

手表逐渐取代了怀表的地位，在怀表链上佩戴小印章的习惯也逐渐减少，1910 年前后印章的产量或多或少地开始缩水。如今 9K 黄金的"维多利亚式"印章大都用来装饰手链或者作为精致的吊坠使用。现代生产的印章一般都带有明显的钢印标记。

19 世纪早期的法国音乐印章，在底部隐藏了一幅珐琅的性爱画。很明显这幅有趣的画是为一位浅薄的绅士准备的，约 1800 年。S.J. 菲利普斯公司

黑人印章和音乐印章

18 世纪和 19 世纪出现了两种有趣的印章。一种是在印章上雕刻出黑人的头、身体或者雕刻成努比亚公主的样子；另一种是在内部安装了机械结构的黄金印章，上足发条后它就会演奏音乐。黑人印章经常在雕塑的眼睛上镶嵌钻石，或者将红宝石镶嵌在雕塑的头发上；音乐印章里面有时会制作一个隐藏结构，上面绘有性爱的画面，当音乐响起的时候，画面里的人物会随音乐而动。

袖扣

近几年市场对维多利亚时期及其晚期制作的袖扣极力追捧，这些袖扣造型优雅、色彩丰富。一对世纪之交带有珐琅和钻石的袖扣在拍卖会上售价一般都超过 250 英镑。一个重要的原因是，袖扣为收藏者们提供了一个为数不多的、现成的（能被广泛接受的）男士珠宝的收藏品类。如今，很多商业街的男装店都有银质、仿金材料和珐琅的袖扣，数量非常丰富，这有助于提高欣赏水平，为那些出现在普通商店或者专业商店中的优质袖扣扩大潜在的市场需求。

当你打算购买具有时代特点的袖扣时，一定要注意两个重要的问题：设计和保存品

铂金袖扣、纽扣以及扣针，镶嵌珠母贝、梯方钻石和玫瑰切工钻石，约1930年。S.J.菲利普斯公司

一组黄金、铂金袖扣，1880~1925年。这是体现设计多样性的绝好案例。评判袖扣价值的指导原则是主题越新奇、罕见，价值越高。所以，在左上角的"怪诞"袖扣更具有商业价值，而普通的维多利亚时期镶嵌椭圆平片的9K金袖扣价格顶多是黄金的价格。桑德拉·柯南

法贝热生产的蓝玉髓袖扣，边缘装饰珐琅，约1900年。本特利和斯金纳公司

相。一对镶嵌有椭圆形平片的爱德华时期9K金袖扣或许只是沿用以往的风格，但是那些珐琅破裂、镶嵌结构磨损、连接结构缺失的作品，说实在的肯定是一种负债而不是资产。

佩戴袖扣的时尚可以追溯到18世纪早期，有人将一对镶有水晶的"死亡提示"银质袖扣连接在一起；在苏格兰，经过抛光的玛瑙、玉石片也经常镶嵌起来制作成同样的袖扣。维多利亚时期和爱德华时期的袖扣经

常使用15K或者18K黄金，设计造型非常丰富。这些称为"新奇"的袖扣大多设计为运动、狩猎以及自然的主题，在今天非常受欢迎。镶嵌钻石的狐狸、装饰珐琅的鸟类或者淡水鱼的形象设计都源于休闲运动，另外还有一些袖扣设计得非常有趣，如珐琅装饰的头骨、交叉腿骨或者"毁灭"袖扣，以及那些表现酗酒、打牌、赛马、轻佻女子等"男士四大恶习"内容的袖扣都非常流行。

经典风格的袖扣制作始于20世纪的前

三十年，当时卡地亚、蒂凡尼（Tiffany）等珠宝商制作了很多雅致、高度原创的作品，这些作品镶嵌了多种材质，在镶嵌中使用黄金以及革命性的多功能材料——铂金。铂金的应用为工匠们制作更精细的创新性饰品提供了一个无限的空间，可以将多种切割规格的宝石和玉石镶嵌成各种意想不到的图案。梵克雅宝（Van Cleef & Arpels）和卡地亚生产了独特的带有配套扣针的方形"棋盘"袖扣，并使用隐秘镶嵌的方式镶嵌了钻石、红蓝宝石等贵重宝石；而法贝热生产了很多新古典风味的袖扣，这些袖扣镶嵌钻石、其他宝石或者装饰珐琅，并通过法贝热在圣彼得堡、莫斯科以及伦敦的商店售卖。

男士服装配饰的发展是一个自然的过程，特别是袖扣、纽扣以及扣针这些应用在正式场合的饰品。从 20 世纪 20 年代到第二次世界大战，那些不太贵的作品大都使用白色、黄色的 9K 金或者银镶嵌圆形、方形的珠母贝，边缘再使用缟玛瑙或者珐琅进一步装饰。这些饰品在售卖的时候都有合适的原装盒子，盒子可以增加饰品的价值，但丢失任何一个组件都会降低其价值。

袖扣集功能性和低价格于一身，处于市场的末端，非常廉价。使用 9K 黄金、银或者镀金材料大规模制作的袖扣非常常见。19世纪 90 年代到 20 世纪 20 年代制作的黄金袖扣大都使用椭圆形、圆形或者鱼雷形的造型，表面精心雕刻花纹，拥有全套的印记。

遇到比预想便宜的袖扣时，一定要仔细检查是否存在修复过的痕迹。人们经常使用"冷绘"的方式修补损坏的珐琅，但是很难与原先的珐琅光泽一致。有些袖扣是用 4 个简单的纽扣新"连接"的，所以要检查链条是不是原装的。最后，要仔细检查所有制作者的标记。俄罗斯"56"的标记、法国的"鹰头"黄金检验标记或者饰品边缘上一组特有的数字都可以大大提高这件藏品的价值。

领带别针

与袖扣不同，领带别针（有时称作领巾别针或者棒状别针）在今天很少有人会佩戴，收藏者之所以会购买它们，是因为其新奇的样式或者稀有的价值。领带别针在 19 世纪和 20 世纪早期非常流行，事实上在 19 世纪的后 25 年才大量应用在领带和领巾上。领带别针在设计方面非常单调，从简单的新月形、马蹄铁形，到花朵形状都显得平淡无奇，有时会镶嵌小的珍珠或者廉价的宝石来装点黄金的平面，有时也镶嵌一些小钻石。只有设计的主题特殊或者带有特别的宝石装饰时，这件领带别针饰品的价格才会大幅上升。如果带有有据可循的印记，特别是法贝热或者卡地亚的印记，这样的作品会更受欢迎。

18 世纪的领带别针要比稍晚一些的作品更小，更精细。别针的中间经常要扭转几圈，使它像"之"字形或者线圈形。乔治王时期的领带别针头部都很简单，一般都镶嵌一颗垫形的铅玻璃，或者像红宝石、石榴石之类的彩色宝石，或者使用"筒夹镶嵌"的方式镶嵌一颗玫瑰切工的钻石。18世纪晚期的领带别针与当时流行的戒指样式很像，镶嵌一圈彩色宝石或者在玉石外面环绕镶嵌一圈石榴石；也有的设计成纪念性的情感主题，如用黑色颜料绘制一位哭泣的女士，周围再用米粒珠或者珐琅装饰一圈。

19世纪的领带别针非常丰富，使用的材料也很多样。别针的设计主题在当时与时尚一致——新古典主义风格占主导地位，别针

忠实地由玉石、贝壳以及雕刻有各种神祇的珊瑚浮雕组成。自然主题和自然主义始终是维多利亚时期首饰的关键，常常可以看到装饰有蓝色珐琅的蛇缠绕在一颗钻石或者珍珠上，另外还有使用黄金雕刻并且镶满绿松石的猎鹰等猛禽。19世纪60~80年代，一个再现的主题是背雕水晶，即在弧形的水晶片背面雕刻各种动物或者小鸟，然后再绘制颜色，雕刻的主题有虎斑猫、八哥犬等符合维多利亚时期情趣的宠物。其他昆虫主题，如家蝇、甲虫、蜘蛛以及运动、娱乐等内容的领带别针要敏锐地收藏，到19世纪90年代，

镶嵌宝石的"魔鬼"装饰别针。运动和政治这些新奇或者"主旋律"内容一直深受欢迎。本特利和斯金纳公司

一组领带别针，1860~1920年。注意最右边那件镶嵌蓝色钻石的作品。领带别针为收藏稀有的宝石标本提供了一个非常好的途径。S.J.菲利普斯公司

　　铅笔为收藏者提供了一个几乎无限广泛的设计源泉，从维多利亚时期铅笔和钢笔的功能组合样式到上图中那些新奇的香槟瓶、陀螺形应有尽有。最有名的制作商是辛普森·毛丹公司（Sampson Mordan & Co.），其大多数的作品都制作了"伸缩"结构，可以将金属拉到正常尺寸的2~3倍。

　　本书第66页有另一组"世纪之交"领带别针插图。

这些主题的领带别针在人们的日常生活中都扮演着非常重要的角色。

　　与袖扣一样，决定领带别针价值的主要因素是它的新奇性和独创性，所以那些镶嵌钻石的狐狸头、野鸡或者珐琅装饰的旗帜非常具有收藏性；一些非常稀有的娱乐主题别针，如镶嵌钻石的自行车、有关节并且装饰珐琅的小丑或者带有政治标语的别针，这些样式会获得更高的价值。

　　20世纪早期，铂金领带别针和黄金制作的别针在流行趋势上已经不分伯仲，都采用镶嵌宝石的设计样式，从单颗水滴形的东方珍珠到新颖的花式切工钻石，另外还有卡地亚和宝诗龙（Boucheron）独创的镶嵌方式，如镶有三角形钻石"帆"的小船。这些领带别针都非常畅销，很容易就卖到上千英镑，如果钻石颜色级别都很好，价格会更高，需要强调的是，"设计新奇"对于购买者是非常重要的。

133

怀表及小型怀表

带有阿尔伯特（Alberts）配链的怀表经常出现在拍卖会上。大多数的金银怀表价格接近原料的价格，就像我们现在看那些运动手表或者时尚腕表一样。一件维多利亚时期的精品钟表可以看作一份在合理支出基础上的稳定、安心的投资。男士的怀表大都放在马夹的口袋里，尾端有粗壮的黄金或者白银链子，而精巧优雅的小型女士怀表挂在一根长链子上或者悬挂在胸针的挂钩上，胸针经常设计成蝴蝶结的样式，佩戴在衬衣或者夹克衫上。

19世纪末的怀表在猎装或者半猎装的表壳中加装了不用钥匙的动力杠杆。最外面的表壳上经常刻有字母组合或者花卉，质量好一点的表还有四分之一小时和秒针的表盘。表盘大都是黑色的罗马或者阿拉伯数字点缀在白色珐琅盘面上。许多表盘的珐琅上面布满细小的裂痕，这些裂痕会直接降低藏品的价值，所以仔细检查是非常必要的。这一时期，沃尔瑟姆（Waltham）和埃尔金（Elgin）等美国制造商生产了大量镀金怀表，这些怀表经常被当作纯金怀表出售。怀表上有没有

维多利亚时期晚期黄金怀表长链，约1895年。这些长链有时在黄金链环中增加"隐秘"的圈环起到加固的作用。注意顶部标有"9c"的配件。塞尔维·司柏科措姆

一组男士和女士怀表，9K黄金、白银和镀金材料，约1900年，中间是9K黄金怀表链。塞尔维·司柏科措姆；唐·伍德

签名也会明显地影响其价格，杰出的制造商有百达翡丽（Patek Philippe）、卡地亚、劳力士（Rolex）以及江诗丹顿（Vacheron Constantin）等。

大体来说，20世纪早期制作的小型怀表比维多利亚时期制作的普通怀表更有意思而且价值更高。爱德华时期和美好时代制作的怀表经常装饰漂亮的彩色透明珐琅，有时也装饰一圈排布呈几何形的小钻石或者在边缘的斜面上镶嵌成行的半圆珍珠。这些小巧的时间机器都带有匹配的链条，链条呈间隔的长条形或者由一系列装饰对比色珐琅的圆柱形组成。最有名的小型怀表制造商是法国的勒罗伊父子（Le Roy et Fils）公司，该公司将签名全部刻在怀表金盖里面。

135

小型女士黄金怀表，悬挂在蝴蝶结胸针下面，镶嵌珐琅和半圆珍珠，约1880年。这种怀表产量高，价格便宜，长时间的使用会使它们表面经常有损伤。威力士拍卖行

不对称的银质百宝匣，上面使用珐琅绘制了恩里科·卡鲁索（Enrico Caruso，1873~1921年）的漫画画像，约1925年。百宝匣在20世纪30~50年代是非常流行的多功能小盒子，盒子里经常盛放镜子、唇膏、梳子、香烟、零钱以及手表等小物件，这种盒子一经出现就迅速成为女士不可或缺的配饰。约翰·杰西

带有"印度-波斯"风格珐琅表盖的小型卡地亚怀表，铂金，镶嵌珐琅、钻石和珍珠，约1912年。桑德拉·柯南

英国摄政时期的黄金香水瓶，约1852年，镶嵌一颗金黄色的黄水晶。香水瓶在乔治王时期的城市和乡村具有重要的地位。瓶子里面有一块吸收香水的海绵，放在鼻子边可以阻隔海湾街道上的臭味。威力士拍卖行

拓展阅读

Chatelaines – Utility to Glorious Extravagance by Genevieve E. Cumming and Nerylla D. Taunton (Antique Collectors' Club, 1994).

Understanding Jewellery by David Bennett and Daniela Mascetti (Antique Collectors' Club, 2003).

第十五章
银　饰

《欧洲古董首饰收藏》不是专门研究银饰和镀银首饰的图书，但在这部分必须提到伊恩·皮克福德（Ian Pickford）公司，让大家认识到银饰在首饰设计历史中占有重要地位。

银饰镶嵌

在 16 世纪绝大多数"高端首饰"——富有和权力阶层使用的首饰都是由黄金或高纯度的黄金制作的。随着 17 世纪钻石切割和宝石打磨技术的逐步提高，贵重的黄金被廉价却无限实用的银替代。

到目前为止，"筒夹镶嵌"仍然是很常见的镶嵌方式，这是一种持续流行到 19 世纪末的镶嵌技术，直到铂金的出现才彻底改变了宝石的镶嵌方式。这种镶嵌方式的镶石座类似盒子的形状，能够在适当的位置牢固地夹住宝石，由于在制作过程中通过减少金属来展现宝石，所以经常被称为"减地镶嵌"。

17~18 世纪的宝石都使用白银镶嵌，而且镶嵌结构的底部都是封闭的，光线无法透过宝石。这意味着所有刻面钻石和彩色宝石都是晦暗无色的，只能依靠宝石背面贴覆的锡箔来增强颜色以及闪光。18 世纪的戒指大都在银上镶嵌一颗或者多颗宝石，宝石完全封闭在金属中，底部使用黄金或者银镀金的材料制成反光材料使其看起来很像红宝石或者蓝宝石，事实上它的实际价值还比不上水晶或者铅玻璃。直到 19 世纪，金银首饰上的宝石镶嵌结构才能够在底部镂空，使得光线能够完全透过宝石。

花卉胸针，镶嵌祖母绿和钻石，约 1750 年。在 18 世纪，大多数宝石镶嵌在减地的银质筒夹镶石座上，而宝石底部几乎全部埋藏在镶嵌结构中。　S.J. 菲利普斯公司

银饰

1860 年前后，美国内华达州发现了康斯托克矿脉（Comstock Lode），充足的白银供应推动了 19 世纪银质首饰加工工艺的进步，使得银饰成为这一时期的奇迹。到 19 世纪 70 年代，欧洲市场充满了廉价的项

带有银扣件的圆柱形条纹玛瑙十字吊坠，配有缟玛瑙珠做成的项链，约1880年。吉妮·雷丁顿·道斯

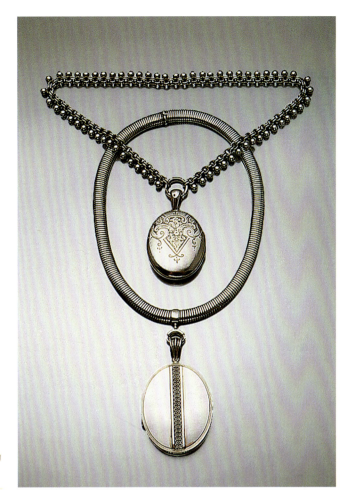

一组带有吊坠盒的贴颈链，银质，约1885年。 布瑞恩和雷尼·赫莫斯

链、手镯、胸针，价格低到几个先令就可以买到的地步，相对于昂贵的黄金珠宝首饰，银饰得到迅速普及。另一件令人额外高兴的事情是银饰可以通过镀金的方式得到黄金一样的效果。银镀金饰品工艺精良，很多银镀金链条、吊坠盒、项链甚至难以与早期的黄金饰品区分，直到现在那些批发商、商店以及拍卖行还经常因此产生无休止的争议。

18世纪时，苏格兰银饰制作行业的地位已经非常牢固。这些首饰的功能性经常大于

装饰性，别在粗布上的镀银胸针镶嵌了大颗粒的贴箔水晶或者染色石英石，而中间有孔的平面金属圈形胸针则被作为订婚礼物赠送。在18世纪晚期及19世纪，一种称为"卢肯布斯"（luckenbooths）的胸针非常流行，它由两个相互联结的心形组成，这种饰品由围绕在爱丁堡圣吉尔斯教堂（St Giles' Kirk）周围的固定商店（locked booths）出售，并由此得名。

19世纪中期，英国埃克塞特的埃利斯父

137

子（Ellis & Sons of Exeter）和伯明翰乔治联合（George Unite of Birmingham）等首饰工厂通过具象的手法生产了很多容易佩戴的银质胸针，如表面錾刻结形或涡卷形花纹的"平安"胸针，这种胸针的底部还坠有一个球形的小坠子。胸针在19世纪非常流行，另一种流行的胸针是伸开的手形或者是带有橡树、橡树叶的林地风景。19世纪70~80年代最具特色的银饰是带有吊坠盒的贴颈链，这种多功能的组合饰品佩戴在黑色的服装上，相当引人注目，这种首饰流行的证据就是今天它非常常见。吊坠盒由宽大、铰接的丝网结构或者一系列统一尺寸的面板材料组成，这些小盒子非常适合垂挂在大号

的戒指或者其他配件上。

1854年美国与日本签署了一项条约，掀起了东方货品的流行风潮。东西方的大合作使得艺术、纺织品、漆器以及金属制品像洪流一样涌入欧洲。在银饰品中，对日本文化的痴迷刺激了"日本风"饰品的发展，而其中占主导地位的时尚是东方式简约、低调的自然风格。在银质手镯的表面錾刻美妙的风景，如翻飞的燕子、精致的花朵、睡莲以及成簇的竹子。胸针的纹饰也大致如此，而且经常在纹饰上镶嵌粉色、黄色的黄金花卉纹饰来增强效果，这种直观有效的技术成为一种流行趋势，一直流行到19世纪末。

简洁、淡雅的装饰风格并没有局限在首饰

138

镶嵌有韦布（Webb）玻璃浮雕片的银质胸针，英国，约1870年。约翰·杰西

一组维多利亚时期的银质宽手镯，约1880年，其中两只手镯带有镶嵌黄金的装饰纹饰。搭扣和皮带的样式是这种风格的理想设计样式，这种手镯一直流行到20世纪。布瑞恩和雷尼·赫莫斯

行业中，很多装饰艺术都受其影响，这种装饰风格不仅影响了英国，还包括整个欧洲、美洲。这种对美的欣赏并使所有事物都变得优雅、美丽的风格称为"唯美主义"，这也成为新艺术运动发展过程中一个至关重要的因素。

19世纪80年代，批量生产导致大量廉价的银饰产生，几乎毁灭了整个市场。1887年伯明翰首饰和银匠协会（Birmingham Jewellers' and Silversmiths' Association）成立，协会的成立逐渐推动了银饰制造市场的再次繁荣，廉价的"甜心胸针"（sweetheart brooches）及小配饰成为这一时期的代表饰品。机械生产及冲压的银饰作为爱的标志直接挖掘出人们天性中浪漫而敏感的一面，从而使19世纪初期那种在首饰中用花和短语表达情感的时尚得以复兴，常春藤的叶子象征友谊，勿忘我象征真正的

爱情。所有日常见到的物件造型被制作成小胸针时突然拥有了新的含义，马蹄铁形、心形、锚形以及十字形都被引申为无法满足的伤感和彻头彻尾的多愁善感，而彩色旗帜和三叶草、蓟草等民族符号代表爱国热情。

另一种特别流行的银饰品是带有名字的胸针，为我们了解在19世纪末那些频繁使用的女孩姓名提供了理想的依据，这些胸针主要是为工薪阶层的女士准备的，在带有花卉和卷纹图案的金属边框中錾刻希尔达（Hilda）、艾达（Ada）、弗洛莉（Florrie）、格拉迪斯（Gladys）等名字，字母都统一使用大写加粗的字体。士兵和水手们经常购买这种首饰，向他们离别的心上人传达情感，非常有趣的是在胸针上没有男性的名字。在这些情人信物中，"米斯巴"胸针（Mizpah brooch）上保存着最伤感的信息，在旧约创

139

银质的橡果胸针和耳坠，约1885年。这种具象的首饰经常是空心的，而且经常凹陷，或者沿着缝隙裂开。

手链、胸针和耳坠，约
1880 年。布瑞恩和雷尼·赫
莫斯；帕特·诺维西西莫

一系列表达情感的银质"甜心"胸针，1880~1990 年。这些有趣的饰品告诉我们在维多
利亚时期晚期那些常用的名字。另外一些作品表面镶嵌了黄金材料或者制作成马蹄铁、三叶草
等象征"幸运"的图案样式。 塞尔维·司柏科措姆

上方是一个银质蝙蝠形带扣，1908 年由迈克尔·艾哈特（M. Erhart）制作；左边是一枚法国银质龙形胸针，下方和右边分别是一枚拉利克制作的蛇形胸针和一个德国银镀金妖怪面具吊坠，约 1900 年。约翰·杰西

世纪中，米斯巴向主恳求"当我们彼此分开的时候，仍然守望着我和你"。

最后一类经历过价格飙升的银胸针都带有新颖的创意以及运动的设计主题。人们在维多利亚时期的运动激情和我们现在一样，流行的胸针样式有网球拍（有时还有一个球）、高尔夫球杆、板球拍或者拳击手套，这些饰品都非常具有收藏价值，如果上面刻有运动协会或者优胜者的名字，那这件饰品会更特别。如果自行车胸针上带有能够转动的轮子，那这件饰品非常值得收藏。另外还有一些新奇的主题，如火车头、轮船以及老爷车等造型都很值得收藏。这些富有想象力的胸针经常装饰点状的珐琅来提高烟囱或者车灯的亮度，这样在强化趣味性的同时也提高了饰品的价值。

140

拓展阅读

Victorian Jewelry – Unexplored Treasures by Ginny Redington Dawes and Corinne Davidov (Abbeville Press).

Antique and 20th Century Jewellery by Vivienne Becker (NAG Press).

第十六章
工艺美术运动以及新艺术运动

工艺美术运动

要尝试弄清英国人 100 年前为何热衷手工制作的金银艺术品，你可以去现代拍卖会的现场感受一下，或许会得到一些启示。与同时代其他的饰品相比，腕表和配饰无疑是这一时期的典型代表。维多利亚时期晚期、爱德华时期的戒指、胸针、吊坠、链条等饰品都很优雅、实用，但设计雷同，缺乏艺术激情。换句话来说，半圈镶嵌的钻石戒指、新月式的胸针外观都会非常相似，而批量生产的银手镯、雕花的吊坠盒、保险扣以及镶嵌宝石的吊坠都无趣到令人失望的地步。

19 世纪 80~90 年代，工艺美术运动演化为英国对机械生产和工业化输出洪流的反抗。一方面，市场末端充斥着大量的廉价饰品；另一方面，南非钻石矿的发现，导致大量首饰商店过度复制优质客户的设计图纸。这些都是当时人们需要面对的问题。显然这些产品很快便成为拙劣、缺乏艺术完整性的作品，而且在商业回报中"失去自我"。

在一些有影响力的评论家的鼓励下，艺术首饰从 19 世纪 50 年代开始在市场上出现，约翰·拉斯金（John Ruskin）以及威

廉·莫利斯（William Morris）曾经强烈批判 1851 年世界博览会上出现的那些过度装饰和近乎麻木的设计作品。为了更好地促进装饰艺术的普及，便于教授珐琅、雕刻、银饰制作以及金属加工等方面的知识，19 世纪 80 年代几家行会和艺术学校成立。1890 年，伯明翰手工艺行会（Birmingham Guild of Handicraft）成立，很快在全国范围内，许多艺术家和学生的团体纷纷建立工作室，在创新艺术的氛围中，这些工作室不断被鼓励、完善。

秉承理想主义的原则，在工艺美术运动中应用的宝石都简单、朴素，始终廉价，不浮华。当然这也取决于经济条件，很多工匠的作品承担不起钻石和黄金的价值。主要的

工艺美术运动时期镶嵌斑彩欧泊的蝴蝶形胸针，约 1905 年。威力士拍卖行

141

C.R. 阿什比设计的孔雀项链，使用黄金、白银，镶嵌珊瑚和鲍鱼壳，约 1900 年。可能是手工艺行会制作的。约翰·杰西

材料还是白银，有时装饰一些黄金的细线，首选的宝石包括珍珠、石榴石、月光石、绿松石、水晶、欧泊和紫水晶等。制作成弧面形的玉石大量应用在搭扣、项链以及吊坠中。在各种样式和颜色的宝石中，流行的宝石有皇家蓝色的青金石、浅绿色的绿玉髓、缟玛瑙和缠丝玛瑙、蓝玉髓等材料。珐琅是宝石的完美补充，许多工艺美术运动时期的首饰都用色彩艳丽的珐琅装饰来强化效果，融合有蓝色、绿色色调的珐琅尤其受欢迎。

毫无疑问，由查尔斯·罗伯特·阿什比（Charles Robert Ashbee，1863~1942年）1888年创办的手工艺行会是这个时期艺术家和工匠最优秀的联合组织。阿什比指导了大量的工匠和设计师，作为理想主义者、指导者以及设计师，他一直秉持自己的艺术原则，这一因素最终导致其彻底背离当时最著名的"商业"实体利伯蒂公司。手工协会起初选址在伦敦东端，后来协会于1902年迁址到格洛斯特郡（Gloucestershire）的奇平·坎普顿（Chipping Campden），这一次的搬迁使行会经营出现赤字，行会1908年宣布破产。尽管工艺美术运动时期的首饰在今天非常流行也相当受欢迎，但是我们还是应该注意到在当时的环境下，生产出的产品大多看起来有些粗糙、原始，还有几分天真。

很多设计师在他们有生之年确实享受到了成功的喜悦。亨利·威尔逊（Henry Wilson，1864~1934年）在肯特建立工作室之前是一名建筑设计师，受到中世纪、文艺复兴以及教堂符号的影响，他制作了一系列具有重要地位的金银首饰以及其他装饰品，这些装饰品镶嵌了各种宝石、玉石，同时应用了具有强大装饰能力的彩色珐琅。威尔逊雇用了一个年轻的助手团队，并鼓励他们去学习金属、珐

工艺美术运动时期亨利·威尔逊制作的银手链，中间绵羊纹饰的浮雕片两侧镶嵌了两颗弧面的蓝宝石，约1905年。约翰·杰西

琅、雕刻、镶嵌等必要的工艺方法。

很明显，约翰·保罗·科博（John Paul Coopper，1869~1933年）和亨利·乔治·墨菲（Henry George Murphy，1884~1939年）在威尔逊的工作室当学徒时深受老师的影响，两人最终也建立起自己的事业。他们设计了很多金银首饰精品，这些首饰镶嵌了红宝石、蓝宝石、月光石等彩色宝石。墨菲特别擅长在镶嵌宝石的金属上制作内填珐琅，这使得他带有哥特式、文艺复兴式以及东方式的饰品风格得到轻松的延伸。

菲比·特拉奎尔（Phoebe Traquair，

亨利·乔治·墨菲制作的黄金吊坠，镶嵌弧面蓝宝石、珐琅以及其他宝石，配有项链，约1890年。墨菲最早在亨利·威尔逊的作坊中做学徒，是一个多才多艺的设计师和工匠，他的作品主题多样，包括教会的银饰以及装饰艺术时期的钻石饰品。私人藏品

同一件作品的反面，展示了墨菲精益求精的风格。

约翰·保罗·科博制作的黄金胸针，约1908年。与墨菲一样，科博在亨利·威尔逊的工作室做学徒，很明显受到他的导师威尔逊的影响。约翰·杰西

1852~1936年）是一位爱丁堡艺术家，擅长在高抛光自然风格的首饰底托上制作闪亮的珐琅，有时在首饰的底部再垂挂一颗贴箔玻璃制作的"彩色宝石"。使用金属箔片增强设计效果的技术是由亚历山大·费希尔（Alexander Fisher，1864~1936年）开创的，他是亨利·威尔逊前期的合作伙伴。费希尔是当时非常有名望的老师，他教授中

144

世纪风格艺术以及晚期的珐琅技术，他的珐琅作品受到法国利摩日早期设计的强烈影响。

亚瑟（Arthur，1862~1928 年）和乔治娜·加斯金（Georgina Gaskin，1868~1934 年）在伯明翰艺术学校（Birmingham School of Art）学习的时候相遇，他们结婚后开始设计精致的饰品，以浓密的叶子、花朵等自然形象为主题，装饰明亮、清淡的粉色、蓝色、亮白色珐琅，然后再镶嵌珍珠以及片形珠母贝。

这些设计师都非常希望自己的作品能够展示在伦敦一个由亚瑟·拉曾比·利伯蒂（Arthur Lazenby Liberty，1843~1917 年）建立的理想的商业地点——利伯蒂公司。利伯蒂公司最早经营的是东方的纺织品以及艺术品，后来转向尝试经营克里斯多夫·德莱赛（Christopher Dresser）、伯纳德·丘泽（Bernard Cuzner）、加斯金等一系列工艺美术运动时期艺术家的金工作品，另外

亚瑟和乔治娜·加斯金制作的银项链，镶嵌珍珠、欧泊、珠母贝以及浅绿色的弧面绿玉髓，约 1905 年。约翰·杰西

还有杰西·M.金的作品，她是格拉斯哥艺术学校的学生，她的珐琅首饰、配饰以及面料在当时非常有名。

在利伯蒂公司中最有名的工匠大概是阿奇博尔德·诺克斯（Archibald Knox，1864~1933年），他是一个特别多才多艺的金匠、银匠以及金工制作师，擅长制作小型镶宝石的吊坠或者装饰珐琅的大型金属碗。诺克斯是利伯蒂公司的头牌设计师，擅长制作凯尔特风格的威尔士银饰，他设计的

这个搭扣展示了诺克斯的"鞭绳"特色。设计中隐含着一个"ER"的字母组合，是为纪念爱德华七世1901年加冕设计的作品。约翰·杰西

毫无疑问这是一件阿奇博尔德·诺克斯的作品，扭转的小细链上带有淡水珍珠，黄金吊坠上镶嵌了珠母贝以及一颗密西西比河的珍珠。诺克斯为利伯蒂公司设计，约1900年。约翰·杰西

六只装的利伯蒂透明珐琅纽扣，约1905年。这六只漂亮的纽扣由于在原装的利伯蒂盒子里所以价格更高。夏彼洛公司

利伯蒂公司镶嵌绿松石的黄金吊坠，可能是由阿奇博尔德·诺克斯设计的，约1905年。

145

胸针、搭扣以及吊坠都非常灵动，经常展示诺克斯特有的"鞭绳"风格，带有蓝色、绿色珐琅的饰品尤其受欢迎。

奥马尔·拉姆斯登（Omar Ramsden，1873~1939 年）和阿莱温·卡尔（Alwyn Carr，1872~1940 年）在谢菲尔德艺术学校（Sheffield School of Art）求学时相遇，他们很快在伦敦成为搭档，从 1898 年到 1919 年生产了大量的首饰、银饰以及中世纪风格的礼仪装饰饰品。

欧内斯特·莫如尔（Ernest Murrle）是定居在伦敦的德国人，他于 1884 年在伦敦建立了莫如尔·本内特公司（Murrle

莫如尔·本内特公司制作的黄金胸针，镶嵌了一颗带有围岩的绿松石，约 1900 年。夏彼洛公司

Bennett & Co.），该公司是利伯蒂公司的竞争对手，公司经营的很多作品与利伯蒂公司威尔士风格的作品接近，事实上莫如尔·本内特公司也向它的对手出售商品。首饰设计

奥马尔·拉姆斯登制作的"哥特式"银质珐琅吊坠盒，上面绘制了有英雄气概的圣乔治的形象，约 1905 年。约翰·杰西

查尔斯·荷纳公司生产的银质珐琅吊坠，约 1910 年。设立在哈利法克斯的查尔斯·荷纳公司生产了大量实用、廉价的银质首饰，如帽针、吊坠和带有珐琅装饰的简单胸针。格雷斯 RBR 集团

内容有黄金吊坠、胸针和手链，经常镶嵌贝
附珍珠和保留部分围岩的弧面绿松石。

切尔德·切尔德（Child & Child）是
沃尔特（Walter）和哈罗德·切尔德（Harold
Child）在伦敦开设的一个商店，专门经营
工艺美术运动时期的银首饰，如搭扣和帽针，
这些饰品都应用珐琅使之呈现出蓝色和绿色
的带有金属光泽的醒目色调，装饰在带有玑
镂花纹的金属上。商店在镂空珐琅制作方面
也有专长，其产品大都装在带有商店特色的
绿色皮革盒子中。

查尔斯·荷纳是哈利法克斯（Halifax）
的一个公司，大量地生产银质配饰，如帽针
以及装饰有珐琅、小珍珠和彩色宝石的廉价
的胸针、吊坠等。

不久，西比尔·邓洛普（Sibyl Dunlop，
1889~1968 年 ） 在 肯 辛 顿 教 堂 大 街
（Kensington Church Street）建立了一个
零售商店，不严格地说这家零售店也是利伯蒂

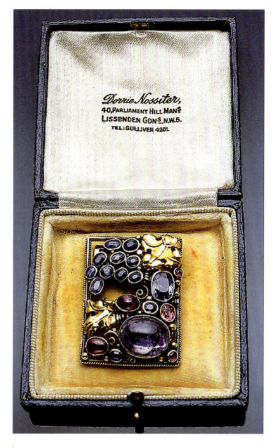

多里·诺西特（Dorrie Nossiter）制作的别针，
镶嵌多种宝石，约 1910 年。多里·诺西特镶嵌彩色
宝石的首饰很少见，她的印记和作品风格经常被误认
为是西比尔·邓洛普的作品，但这个原装的盒子最终
确认了出处。艾特妮·布朗夫人

公司的竞争者，西比尔·邓洛普组织了一个工
匠团队，他们擅长在银饰上镶嵌成堆的彩色宝
石、珍珠，然后再装饰叶子和涡卷纹。

欧洲的工艺美术运动

工艺美术运动的影响很快波及欧洲、斯
堪的纳维亚，甚至远到美国，受此影响蒂凡
尼公司（Tiffany & Co.）发明和使用了一系

148

西比尔·邓洛普制作的圆形胸针和耳夹，使用黄金、
白银，镶嵌蓝宝石和其他彩色宝石。约翰·杰西

149

西奥多·法尔纳制作的带有"青年风格"的胸针，使用银、欧泊、珐琅以及黄金，展示了德国新艺术运动时期的平面线条风格。约翰·杰西

乔治·杰生制作的一组银首饰，20世纪早期到中期。塞尔维·司柏科措姆

列新材料制作异国情调的首饰。新艺术运动在德国称为"新艺术"（Jugendstil，又称为"青年风格"），吸收了工艺美术运动中大量具有象征意义的自然风格艺术，同时还有20世纪30年代装饰艺术风格的强大线条样式。

西奥多·法尔纳（Theodor Fahrner，1859~1919年）是一个德国人，他倡导制造"买得起的首饰"，起初他与莫如尔·本内特一起生产优雅的、带有自然风格的银饰以及装饰珐琅的胸针和吊坠，后来转向功能性的、建筑学主题风格，制作镶嵌马克赛石、珊瑚以及玛瑙等风格粗犷的玉石饰品。普福尔茨海姆的"达姆施塔特聚居区"

（Darmstadt Colony）是艺术家和设计师聚集的地方，而奥地利的"维也纳艺术和手工中心"（Wiener Werkstatte，维也纳工作室）在很大程度上是从英国手工艺行会获得的灵感。

丹麦银匠乔治·杰生（Georg Jensen，1866~1935年）与莫恩斯·巴林（Mogens Ballin，1871~1914年）一起在哥本哈根建立了一个工作室。他们创作的饰品采用花卉、鸟类以及叶子等一系列主题，杰生擅长在大胆、写实的银饰上镶嵌月光石、青金石以及石榴石等弧面宝石，与20世纪初一样，这些作品在今天依然能够给人留下深刻印象。

新艺术运动

工艺美术运动和新艺术运动先后发生，它们有很多相同点：受到自然主题的强势影响；丰富有机的想象力与 19 世纪晚期乏味的机械大生产形成鲜明的对比；大量应用珐琅和以珍珠、欧泊、月光石以及绿松石等宝石作为品位象征。

两件蜻蜓胸针饰品，下面的那件作品是法国约 1900 年的作品，镶嵌了钻石、红宝石，装饰了带有乳白色光泽的珐琅翅膀。上面的作品是一件现代作品，高难度的镂空珐琅翅膀为这件作品增色不少。本特利和斯金纳公司

从差异上来说，工艺美术运动时期的饰品与新艺术运动时期的饰品最明显的区别是后者具有感性、烂漫从容的自然风格，给人以压倒性的印象，装饰珐琅的花朵、镶嵌宝石的昆虫、蛇的形象被设计成卷曲的带有异国情调的臂镯，精美的梳子也是其风格的集中体现。这与工艺美术运动时期朴素、低调，镶嵌弧面玉石的装饰品截然不同。新艺术运动时期的饰品经常使用黄金镶嵌，所镶嵌的宝石也经常是高档宝石，如使用祖母绿、红宝石、蓝宝石甚至钻石作为装饰点缀，或者将它们作为整件首饰的焦点。新颖的创意和令人振奋的"新"材料成为新艺术运动的典型特征，像勒内·拉利克（René Lalique）这样的设计师和工匠开拓性地大胆尝试使用动物角等有机材料以及模铸玻璃等人工材料来强化自然主义风格的构思或者突出怪诞、

典型的新艺术运动首饰，勒内·拉利克制作，饰品上蚀刻的外轮廓和玉石微妙的含义使这件作品焕发出像童话一样的意境，让人直接联想到"仲夏夜之梦"的画面。

新艺术运动风格的胸针，镶嵌欧泊、钻石、红宝石以及翠榴石，梅森·威弗尔（Maison Vever）制作，约1905年。S.J. 菲利普斯公司

151

自然和自然主义几乎是这一时期所有作品的内部驱动力量，但这些作品也展示了很多首饰设计师的另一面。这一时期的作品主题经常是将美女的头安装在飞蛾或者蜻蜓等昆虫的躯干上，翅膀装饰珐琅。近距离仔细观察一束花的设计，里面包含了非常细微的颜色过渡。勒内·拉利克（René Lalique，1860~1945年）出色地表达出这些自然的周期变化，他的首饰作品中有很多鲜明的特点，这使得他的作品能够从同时代的大多数作品中脱颖而出。拉利克有非常丰富的想象力，他曾经使用自己的方法仔细研究过自然，从蝴蝶等昆虫到小鸟、花朵，他将这些形象的特点融入精彩的吊坠、梳子或者搭扣中，无论是创造性还是技术层面都无与伦比，镶嵌工艺以及材料方面的精细部分都能够精益求精。镂空珐琅是当时特别流行的表现方法，蜻蜓的翅膀经常处理成薄纱一样的效果，然后在每一个小孔中填充透明并且带有微妙色彩的珐琅材料。牙角之类的有机材料用来制作梳子，有时使用月光石之类的宝石作为点缀来显示雨滴的效果。

对于新艺术运动时期的金匠来说，人物形象是非常流行而且有说服力的符号。威弗尔之家（The House of Vever）是法国首饰工匠的望族，主要生产豪华的植物形象首饰，有时将使用模铸玻璃制作的美女形象添加在设计中。相比于拉利克华丽风格的作品，威弗尔的作品略显保守，镶嵌方面也相对单调。

梦幻般的设计形象。

新艺术运动的名字"Art Nouveau"来自一家巴黎名叫"新艺术之家"（Maison de L'Art Nouveau）的商店，商店的所有人是当时有名的企业家塞缪尔·宾（Samuel Bing）。整个运动从19世纪的最后十年一直持续到第一次世界大战爆发，在这25年时间里，新艺术运动在法国、比利时、意大利、西班牙和美国得到广泛传播，在美国的传播很大程度上归功于一个成功的商业公司——蒂凡尼。

　　带有象征主义特色的首饰,使用镂空珐琅工艺,装饰象牙、祖母绿以及钻石,菲利普沃尔弗斯制作,他是一个比利时金匠,擅长将多种自然主题与想象力丰富的设计进行组合。

菲利普·沃尔弗斯（Philippe Wolfers，1858~1929 年）是一个比利时人，他的设计局限于一系列装饰珐琅和镶嵌宝石的胸针、吊坠，然后再组合象牙雕刻成的美女形象，这些饰品具有奇妙的唤醒能力。卢西恩·盖拉德（Lucien Gaillard）经常使用牛角设计优雅的花形梳子，他的设计带有强烈的日本风格。另外阿尔方斯·富盖（Alphonse Fouquet，1828~1911 年）以及他的儿子乔杰斯（Georges，1862~1957 年）从生产彩色新文艺复兴风格的首饰转向设计华丽并且带

有异国风情的前卫派首饰，他们的作品中夸张的人物头部雕像与阿尔方斯·穆夏（Alphonse Mucha）的作品非常相似。

不得不说的是，沃尔弗斯、富盖等这个时代的工匠制作的首饰作品能够保存到今天非常不易，价格也出奇的高，一件普通的作品可以轻松卖出 5 位数的价格，而勒内·拉利克的重要作品可以卖到高达 100000 英镑。但是，价格不高又很漂亮的新艺术运动时期的首饰也经常出现在专业的商店里和拍卖会上，尤其是珐琅胸针、吊坠、戒指以及

乔杰斯·富盖（Georges Fouquet）制作的牛角梳，装饰珐琅和欧泊。这件作品设计带有强烈的埃及风格，约 1908 年。

鲍迪（Bonté）制作的吊坠，使用牛角雕刻和玻璃珠，法国，约 1905 年。约翰·杰西

其他配饰。那些朴素并且没有签名的法国黄金胸针、银吊坠或者牛角梳仍然可以以 1000 英镑以内的价格购买到，如果首饰上带有几颗贵重的宝石、珍珠或者装饰有镂空珐琅等材料，那么价格会明显提高。保存条件是非常重要的，珐琅缺失或者后期修复的饰品是难以复原的。最后，一定要确定这些标示为"新艺术运动"的首饰是真品，有大量的现代仿品充斥在当今的市场上，如银制的蜻蜓胸针、套装纽扣以及那些经常出现在拍卖画册中的拍品，用"模棱两可"的描述来掩盖其可疑的出处。

152

拓展阅读

Pre-Raphaelite to Arts and Crafts Jewellery by Charlotte Gere and Geoffrey Munn (Antique Collectors' Club).

Jewelry & Metalwork in the Arts and Crafts Tradition by Elyse Zorn Karlin (Schiffer Publishing Ltd.).

Art Nouveau Jewellery by Vivienne Becker (E.P.Dutton).

第十七章

美好时代：
早期的铂金首饰以及"花环"样式

20世纪是一个动荡的时代，复杂多变的社会、经济和艺术潮流等因素不断地影响着首饰设计的风格。直到第一次世界大战期间，有几种对比性很强的装饰主题同时存在，当然这时在首饰店里也完全可以找到传统、可靠的镶钻首饰，如正式场合佩戴的头冠、星形胸针以及镶嵌半圈宝石的手镯。而与它们同台演出的角色是粗犷、大胆的新艺术运动首饰，其代表有色彩明丽绚烂的珐琅搭扣、蛇形手链以及林地风景主题的王冠。

另一种更轻盈、优雅柔和的首饰风格在爱德华时期蔚然成风，这就是能够与之前的工匠艺术风格形成强烈对比的美好时代风格首饰。首饰设计师们从制作笨重而且看起来已经变得平凡无奇的维多利亚时期风格的饰品转向制作更轻盈、更优雅的饰品，并从18世纪末法国洛可可艺术风格的饰品中获得灵感。这些漂亮的贝壳、格子、垂花坠饰、蝴

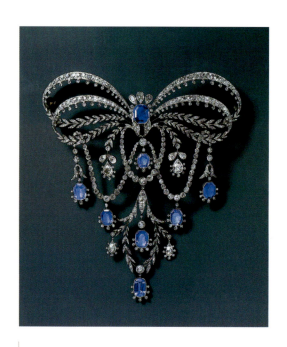

精美的铂金蝴蝶结胸针，镶嵌蓝宝石和钻石，带有多重垂坠以及花环样式的叶子装饰，约1905年。这是美好时代的精品胸针，名副其实。汉考克斯公司

一枚19世纪末20世纪初的胸针，结合了维多利亚时期风格（镶嵌宝石的蝴蝶结以及爪镶的蓝宝石）特征和爱德华时期风格（钻石镶嵌的花环以及铂金爪镶）特征。

一对铂金镶钻的耳坠，约1910年，镶嵌了模铸的黑玻璃片，上面描绘了新古典风格的"丘比特"主题。威力士拍卖行

铂金镶嵌钻石和珍珠的吊坠，约1905年，在钻石镶嵌的部位有典型的珠状镶钉。

美好时代风格的花环样式胸针，铂金镶嵌海蓝宝石、珍珠和钻石。1905~1910年。

蝶结以及心形图案与花卉、叶子组成的自然象征图案完美地结合，再加上一系列涡卷纹共同组成了一种柔美的首饰样式，我们称之为"花环样式"（Garland Style）。

在这段时间里，技术逐渐融入工匠的日常工作，如果没有铂金的引入就不会有如此精湛的工艺，铂金是一种新材料，它使首饰设计产生了无可替代的、革命性的变化，尤其是在宝石镶嵌方面。相对于白银材料，铂金硬度更大，表现力更强。这意味着钻石等名贵宝石可以使用非常小的金属爪镶嵌，可以单个或成片地镶嵌在由微小的线条组成的镶爪结构中，这便是珠钉镶。铂金材料也是"花环"首饰的理想载体，可以将钻石镶嵌在复杂的枝叶结构或者链接的垂坠饰品以及

格子状的组合结构中。

20世纪的前15年钻石切割与抛光技术也发生了巨大的变化。维多利亚时期钻石的标准切工是老欧洲明亮式切工，一般来说都是切割成又厚又不匀称的垫形。第一次世界大战期间，几种新型的切割方式出现在英国、法国以及欧洲大陆风格的钻石首饰中，包括橄榄形、梨形、月牙形（半月形）切工，当然还有圆形明亮式切工。良好的比例意味着钻石可以获得更加鲜活的闪光，许多美好时代主流饰品中的钻石净度、颜色级别都非常高，这也是早期铂金首饰到今天仍然受追捧的另一个原因。

与钻石一样，彩色宝石也得到了更广泛的应用。来自缅甸的优质红宝石、哥伦比亚的祖母绿以及来自缅甸和克什米尔地区的蓝

精美的美好时代铂金手链，镶嵌钻石，典型的"花环"样式，约 1905 年。威力士拍卖行

宝石与钻石搭配组成了一系列正式场合以及日常佩戴的首饰，从精致的贴颈链、胸针饰品到简单的吊坠、耳坠应有尽有。

所有的"贵重"宝石中，与花环首饰联系最密切的是珍珠。珍珠饰品含蓄低调，最优雅的做法是用带有灰白色、奶油色、粉色以及金黄色色调的珍珠搭配光辉闪耀的钻石。20 世纪初人工养殖珍珠完全地改变了首饰生产，在此之前所有珍珠都是天然生成的，它的魅力和稀有品质备受推崇：永久柔和的光泽，各种各样的有趣形状，如被压扁的纽扣形、水滴形、巴洛克形以及葡萄串形。珍

宝诗龙制作的领章表，镶嵌宝石，在风景画面中有丘比特的形象。本特利和斯金纳公司

铂金镶钻的多节吊坠，做工非常精细。大约 1910 年，钻石切割方式的进步使得梨形、橄榄形、心形等切割形状都在市场上出现，首饰制作和佩戴的方式也都重新定位。威力士拍卖行

一对铂金耳坠，镶嵌祖母绿、钻石以及祖母绿珠子，约 1915 年。底部的祖母绿珠子可能是从古代印度的羽毛头饰（Sarpech）上获得的。将印度莫卧儿帝国时期以及稍晚时期的珠宝重新镶嵌是 20 世纪 20~30 年代卡地亚等法国珠宝首饰的重要特征。威力士拍卖行

多股米粒珠组成的绳状苏托尔项链，约 1910 年。流苏顶部的装饰帽上镶嵌钻石并垂坠抛光的水滴状蓝宝石。流苏垂穗和项链连接的金属圈环上都镶嵌了钻石。汉考克斯公司

法国黄金丝网手包，带有新古典主义风格的淡色珐琅边框，镶嵌宝石和带有小天使形象的利摩日珐琅装饰片，约 1905 年。

珠可以适合各种设计，其中最流行的饰品是苏托尔项链，这是一种由交互编织的米粒珠组成的带有流苏尾端的长项链，流苏的顶部还有镶嵌钻石和各种宝石的装饰帽。

美丽低调的戒指样式与美好时代的设计理念紧密相连，使用珠钉镶的方法将各种宝石、钻石镶嵌在铂金制成的蝴蝶结形、心形饰品上，然后在金属上雕刻涡卷纹作为进一步装饰，有时中间还会镶嵌小颗粒玫瑰切工的钻石。吊坠和耳坠大都由一颗圆形明亮切工的钻石作为顶端的宝石，然后搭配一颗大的梨形钻石、东方的珍珠或者其他的名贵宝石作为垂坠，设计非常简洁但是很出效果。"不整齐"吊坠是这种题材的典型代表，两颗宝石由铂金或者白色黄金连接在一起，然后垂坠在简单的项链上。胸针的种类有镶嵌一颗宝石的条形胸针、镶嵌一系列渐变宝石的胸针以及精细至极的圆形、方形、椭圆形、扇形等样式的几何形胸针，经常在镶嵌钻石的框架上镂空精细的花纹，使其看起来像丝网、蜂巢或者蜘蛛网。超级精美的胸针、吊坠展示了工匠们精湛的技艺，这些镶嵌的饰品经常带有一系列小的关节可以让其轻易地弯折或者叠成一半大小。

157

镶嵌蓝宝石和钻石的手表，表链由多条珍珠链组成，约 1915 年。汉考克斯公司

一对耳坠，使用珠钉镶嵌的方法镶嵌一圈钻石，约 1910 年。威力士拍卖行

卡地亚制作的六瓣花形铂金吊坠，镶嵌钻石和东方珍珠，约 1910 年。汉考克斯公司

　　说实在的，对美好时代、爱德华时期以及早期的优秀铂金首饰的需求从来都没有这么高过。特别是法国制作的作品，现在在拍卖会上和零售店中可以卖到最高的价格。而简单的"花环"式钻石饰品相对比较便宜，中等的首饰如镶嵌半宝石的"不整齐"吊坠、镶嵌半圆珍珠的格子胸针价格非常实惠，而且视觉效果与"正式"的饰品接近。

拓展阅读

Understanding Jewellery by David Bennett and Daniela Mascetti (Antique Collectors' Club).

Jewelry from Antiquity to the Present by Clare Phillips (Thames & Hudson).

Cartier 1900-1939 by Judy Rudoe (British Museum Press).

第十八章

法贝热、蒂凡尼、卡地亚以及同时代的企业

为什么要购买带有签名的首饰？

这几乎是毋庸置疑的，做工精细的饰品上带有签名会提高它的价值。绝大多数出自名家的产品出售时会有相当可观的溢价。

奢侈品的生产者一般都是在售卖他们的名字和名气。从某些方面来说，已经确立品牌的产品与其模仿者之间的区别特征可以忽略不计，但是品牌产品却不断证明，"好名声"传递的是品质保证、榜样、社会认同能力和老派头。

19 世纪复古风格时期的首饰匠人，如卡斯特拉尼、朱利亚诺、布罗格登等，他们经常使用家族的字母组合作为签名。20 世纪初巴黎的卡地亚、宝诗龙、尚美（Chaumet）等品牌不仅在饰品上印有印记，而且还刻印一组独一无二的数字作为作品存在的"档案记录"。非常不幸的是，由于品牌可以大幅提高产品的价值，这些世界瞩目的商品生产者也为日益增长的仿冒品所困扰。这个问题对法贝热的制造领域影响深远，市场上充斥着大量该品牌的仿制品，有些仿制品做得非常逼真，然而更加糟糕的是，市场上甚至因此杜撰出了一个非常讽刺的经典艺术词语——赝品法贝热（Fauxbergé）。

为什么要购买卡地亚的别针，或者宝格丽的手镯？答案非常简单，它们的产品品质好，值得依赖，饰品所用钻石、名贵宝石以及其他原材料都经过严格筛选，质量高，水平一致；饰品的设计有创造力，引人注目，佩戴舒适，而且拥有所有世界级珠宝的一个

158

法国宝诗龙生产的手链，镶嵌钻石和珐琅，约 1925 年。镶嵌的祖母绿可能来自印度莫卧儿帝国。汉考克斯公司

宝诗龙生产的手鼓形珐琅胸针,上面绘有游吟诗人的形象,约1900年。这件奇特的首饰在边缘处镶嵌了几片钻石圆片(平面,有小刻面的圆片)。桑德拉·柯南

关键属性——始终永恒。带有印记的首饰会变得更加昂贵,但是长期的商业利润空间是非常大的。

彼得·卡尔·法贝热(Peter Carl Fabergé)

这个著名珠宝工匠的生平有可靠的记录。彼得·卡尔·法贝热出生于1846年5月30日,他先在德累斯顿(Dresden)商业学校学习,后来在巴黎参观罗浮宫的时候深受新古典主义艺术和建筑的影响。24岁的

159

蒂凡尼1890年的产品目录。蒂凡尼公司;布里奇曼艺术图书馆

法贝热钻石头冠，约 1900 年，灵感来自由雅各布（Jacob）和简 – 方斯瓦·安德烈·杜瓦尔（Jean-François André Duval）在 1801 年制作的凯瑟琳大帝（Catherine the Great）王冠。

时候他接手了父亲在圣彼得堡的首饰店，因为作品优雅脱俗，因此在首饰、银饰以及工艺品设计方面迅速成名。1884年受沙皇亚历山大三世的委托制作第一个皇家复活节彩蛋。因此法贝热与罗曼诺夫家族建立了不平凡的联系，这种联系一直持续到1917年布尔什维克革命爆发。法贝热以英国信使的名义很幸运地逃离俄国，1920年9月24日逝世于洛桑（Lausanne）。

法贝热的突然成功基于几个重要因素。他是一个很明智的市场战略家，与帝国家族建立联系为他在整个欧洲的发展打开了很多门路。大概他最大的成功是扩大了纯装饰工艺品的生产，他称之为"理想作品"，如玉石雕刻、花卉、玩具以及著名的皇家复活节彩蛋。他延伸了透明珐琅的应用，认识到透明珐琅是装饰大平面区域的重要材料，从而可以替代昂贵的宝石。法贝热还擅长在镶嵌中使用不同颜色的黄金材料，青睐俄罗斯的本土宝石，如西伯利亚软玉、蔷薇辉石、青金石等材料。即使用在相框和首饰盒中的木头也是使用来自俄罗斯本土的黑黄檀、克若

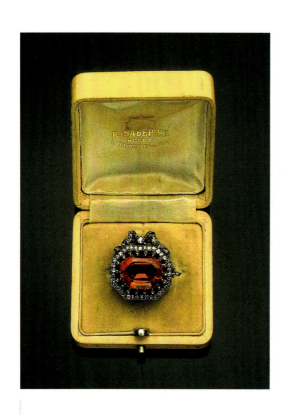

新古典主义风格的法贝热胸针，镶嵌西伯利亚托帕石和钻石，约1900年，带有原装的冬青木盒。

法贝热制作的黄金相框，装饰丁香色透明玑镂刻纹珐琅、镶嵌钻石。法贝热的相框经常是有趣的几何形，如菱形、六角星形。后盖经常使用切割好的象牙片。工艺师：迈克尔·佩钦（Michael Perchin），圣彼得堡，1890~1895年。威力士拍卖行

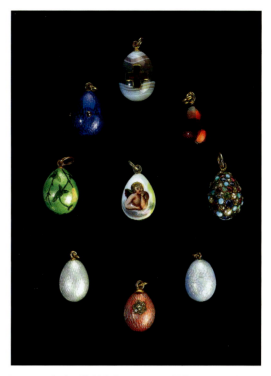

上面是一枚俄罗斯四叶草胸针，1895~1900 年；下面是一对法贝热的袖扣，镶嵌西伯利亚软玉、红宝石和钻石，1900~1910 年。

一组法贝热制作的蛋形吊坠，装饰玉石、珐琅和其他宝石。这种吊坠在今天仍然很常见，小型饰品价格较低，为普通收藏者提供了一个收藏俄罗斯首饰的好机会。本特利和斯金纳公司

利安(Karelian)桦木板以及浅棕色的冬青木。

今天许多法贝热的作品在国际拍卖会上可以拍出很高的价格。然而市场上仍然可以买到价格适中的胸针、领带别针、袖扣以及蛋形吊坠等小型饰品，当然保存的状态很关键。虽然很少发现仿制品，但是作为一个指导方针，最好使用放大镜仔细检查每处细节：仿制品一般都装饰过度花哨的珐琅，且珐琅中含有气泡，宝石镶嵌工艺粗糙，做工拙劣。仿制品另一个重要的特点是，作者的印记和含量标识过于明显，过于"新鲜"而且过于丰富。

法贝热制作的两色黄金长柄眼镜，装饰白色珐琅，工艺师：亨里克·威格斯顿（Henrik Wigstrom），约 1900 年。威力士拍卖行

蒂凡尼（Tiffany）和美国珠宝

　　蒂凡尼是一家才艺出众的原创公司，19世纪以来一直是美国珠宝和装饰艺术界的先锋。蒂凡尼公司由查尔斯·刘易斯·蒂凡尼（Charles Lewis Tiffany, 1812~1902年）组建，起初专业经营礼品和文具。后来商店逐渐扩展到售卖巴黎进口的首饰，这方面的成功使得公司开始设计和生产自己特色的首饰，于是在20世纪初公司欣然接受了多种对比鲜明的首饰主题：从传统的钻石和贵重宝石组成的"花环"样式、醒目充满朝气的新艺术花卉主题首饰，到镶嵌斑彩欧泊、火欧泊或者蒙大拿（Montana）蓝宝石等不常见宝石的彩色珐琅首饰。

　　1902年，查尔斯·路易斯·蒂凡尼辞世，他的儿子路易斯·康姆福特·蒂凡尼（Louis Comfort Tiffany, 1848~1933年）接手了生意，路易斯·康姆福特·蒂凡尼在装饰艺术方面有很多创造，直到今天还被公司所推崇，如最著名的工作室灯、"法夫莱尔"（favrile）玻璃、陶瓷、银器以及其他金属物品。20世纪50年代蒂凡尼公司聘请几位年轻有为的设计师为公司设计产品，最有名的是来自法国的简·西朗百杰（Jean Schlumberger），他制作了一系列厚实的黄金珐琅手镯、耳夹和戒指，展示了著名的蒂凡尼"亲吻"主题。这种由独立设计师设计、生产特色产品的做法一直持续到今天。现在，蒂凡尼所有的商店仍在销售帕洛玛·毕加索

蒂凡尼公司生产的菊花形胸针，镶嵌一组密西西比河珍珠作为花瓣，约1910年。沃尔塔斯基首饰公司

（Paloma Picasso）和艾丽莎·波瑞蒂（Elsa Peretti）设计的魅力首饰。

　　蒂凡尼是20世纪初期美国主要的首饰公司之一。这一时期建立的公司，如奥斯卡·海曼（Oscar Heyman）以及纽约的西曼·舍普斯（Seaman Schepps）到今天依然生意兴隆。每家企业依靠各自的天赋和创意形成了独立的品牌。布莱克（Black）、斯塔（Starr）以及弗罗斯特（Frost）从19世纪50年代开始营业，主要生产优雅的、带有欧洲品位的钻石首饰。另一家费城的公司，J.E.考德威尔（J.E.Caldwell）设计

蒂凡尼公司制作的黄金胸针,设计了一个吹风的天使,并使用珐琅制作了一句短语"亲爱的"(Con Amore)。这是一件非常个性化的浪漫首饰,首饰上带有签名和日期"1893年2月26日"。 西尔维娅·昆内特-丘特

同一蒂凡尼胸针的背面,上面带有蒂凡尼的印记。

精致的美好时代风格首饰,使用铂金镶嵌各种宝石,其精湛的技艺一直为市场所推崇。

卡地亚、梵克雅宝和宝诗龙

从19世纪末开始,国际珠宝首饰的发展在相当大的程度上是由这三家世界知名的巴黎公司推动的,它们的成功源于优选的原材料、令人惊叹的想象力、辉煌的设计样式。每一家公司都拥有精湛的加工技术,涵盖珐琅、宝石切割以及宝石镶嵌等各个方面,能够使其首饰产品在变革时期处于前沿位置,直到今天它们仍然在首饰中占有重要的地位。

卡地亚(Cartier)

路易·方斯瓦·卡地亚于1847年在巴黎建立了卡地亚公司,随后公司由他的三个孙子接手:路易(Louis,1875~1942年)、皮埃尔(Pierre,1878~1965年)、雅克

(Jacques,1884~1942年),他们分别承担了巴黎、纽约和伦敦的公司业务,通过与欧洲以及其他国家王室、富豪、美国金融家、实业家、电影明星以及VIP客户保持良好的关系,卡地亚的业务不断加强、巩固。

卡地亚的伟大在于它能够将各种灵感应用到首饰设计中,尤其是在两次世界大战之间。卡地亚在首饰制造领域确立了它的主导地位之后,各种"花环"样式的钻石饰品、镶嵌珍珠的铂金胸针饰品、豪华的贴颈链、王冠、束发带等饰品源源不断地投入市场,同时卡地亚还关注那些受波斯、古埃及、印度、俄罗斯以及中国风格影响的带有异国情调的首饰。卡地亚的法国工作室将名贵的莫卧儿帝国宝石镶嵌在具有东方情调的金属框架中,再搭配钻石装饰,使饰品显得非常别致;应用高超的镶嵌工艺在描绘金字塔、荷花和法老主题的埃及风格首饰中镶嵌玛瑙、

一块精致的卡地亚手表，镶嵌钻石、玛瑙，约 1925 年。手表的表蒙是使用钻石切割出来的。汉考克斯公司

卡地亚生产的铂金镶钻手表，约 1930 年。汉考克斯公司

祖母绿、红宝石等材料；使用黑色的漆艺与珊瑚、钻石、玉石搭配中国和日本风格的首饰、钟表、配饰，然后加入代表东方风格的龙、云朵、结艺等象征图案。

20 世纪 30 年代装饰艺术时期，建筑风格首饰开始盛行，卡地亚再次调整产品设计方向，生产了一批大胆、新颖的首饰产品，将宝石进行精心的切割打磨，增强几何感和线条结构感以适应当时流行的趋势。20 世纪 40~50 年代，卡地亚在这种迥异风格的影响下生产了一系列引人注目的黄金首饰，如"自行车链条"和"煤气管道"风格首饰。20 世纪 70 年代推出"卡地亚唯我独尊"（Must de Cartier）系列产品，由此生产了一系列价格相对低廉的首饰、腕表以及配饰，事实上像"猎豹"（Panthère）、"法兰西坦克"（Tank Française）、"帕夏"（Pasha）系列的卡地亚腕表，在今天的市场上依然是常见的名品。

梵克雅宝（Van Cleef & Arpels）

梵克雅宝成立于 1898 年的巴黎，由阿尔佛雷德·梵克里夫（Alfred Van Cleef，1873~1938 年）和他的两个内弟查尔斯·雅宝（Charles Arpels，1880~1951 年）、朱利恩·雅宝（Julien Arpels，1884~1964 年）共同组建。

今天与梵克雅宝联系最为紧密的工艺是"隐秘镶嵌"（serti invisible），这种镶嵌工艺可以使红宝石和蓝宝石并排镶嵌在一起，从正面看却看不到金属的痕迹。这项绝技需要在每颗宝石的背面刻槽，然后将它们并排放入黄金或者铂金制作的轨道中。这项技术在 1935 年初次面世时产生了巨大反响，极大地影响了带有花卉和叶子造型的胸针、手镯以及耳夹等饰品的造型设计。

1922 年，埃及法老图坦卡蒙（Tutankhamun）的墓葬被发掘，受此影响，梵克雅宝在 20

装饰艺术风格的胸针，卡地亚制作，镶嵌海蓝宝石、钻石，约 1935 年。沃尔塔斯基首饰公司

带有日本风格的自然主义铂金胸针，梵克雅宝于 1927 年制作，蝴蝶身上镶嵌的是镜面切割的钻石，矢车菊上面镶嵌的是单独切割和打磨的祖母绿和蓝宝石，整件作品呈现出优雅的造型，体现了精湛的技艺，二者结合得天衣无缝。威力士拍卖行

世纪 20~30 年代开始生产自然主义和建筑学风格的首饰，在 20 世纪 40 年代初期推出一系列与众不同的、带有六角蜂巢形装饰的宽手镯、胸针。与同时代的品牌卡地亚一样，梵克雅宝紧跟时代变化，在 20 世纪 60 年代生产了一系列颜色鲜艳的首饰，这些首饰都是在黄金的镶嵌结构上搭配祖母绿、弧面红宝石、钻石等色彩对比强烈的宝石。

宝诗龙（Boucheron）

宝诗龙建立于 1858 年，成立之前是一家很不起眼的小首饰店，后来弗雷德里克·宝诗龙（Frédéric Bocheron，1830~1902 年）将店面迁到地段更好的巴黎芳登广场（Place Vendôme）26 号。宝诗龙起初是一家正装钻石首饰经销商，为新娘、伴娘及其他客人提供头冠、胸针以及精致的贴颈链，用于正式场合的婚礼。与卡地亚、梵克雅宝以及法国当时领先的品牌如尚美、威弗尔（Vever）一样，宝诗龙在 19 世纪末随市场变化推出了一系列应用新材料制作的、具有高度原创性的产品，如镂空珐琅饰品以及黄金和普通金属搭配的饰品。弗雷德里克·宝诗龙 1902 年逝世后，他的生意由儿子路易（Louis）掌管，1907 年

> 梵克雅宝制作的铂金手镯，镶嵌红宝石、祖母绿、玛瑙、钻石，1920~1925 年。红宝石的镶嵌方式采用梵克雅宝专有的"隐秘镶嵌"工艺，在宝石之间看不到金属的结构。这些首饰在国际拍卖会上可以拍到相当可观的高价。

宝诗龙在伦敦建立分店。宝诗龙的产品定位于正式场合，其首饰呈现出正式、大方以及与众不同的色调，很多装饰艺术风格的首饰，如玉石雕刻的花卉首饰都是非凡想象力和优秀加工工艺的完美结合。

> 一个精致的宝诗龙黄金浮雕烟盒。使用丰富的纹理展现了一幅日本式的三维风景画，为强化效果，镶嵌了多种宝石、玳瑁，另外还有一块雕刻成天鹅的珠母贝，1910~1915 年。

拓展阅读

Cartier by Hans Nadelhoffer (Thames & Hudson).

Cartier 1900-1939 by Judy Rudoe (British Museum Press).

The Art of Carl Fabergé by Kenneth Snowman (Faber & Faber).

Fabergé's Imperial Jewels by Géza von Habsburg and Marina Lopato (Fabergé Arts Foundation).

Jewelry in America by Martha Gandy Fales (Antique Collectors' Club).

第十九章
装饰艺术和建筑学风格的变革

第一次世界大战是人类灾难性的事件，对艺术和艺术设计产生了巨大的破坏力，对首饰艺术来说也没有例外。1918 年之后再佩戴精致的"花环"式钻石首饰已经不合时宜了，即使是根深蒂固的新艺术运动的自然主义珐琅也被淹没在西部前线的战壕中。

一种躁动、变化的首饰风格迅速在英国、欧洲大陆国家和美洲蔓延开来，这将是一种崭新、大胆的设计样式，与之前任何程式化的设计都截然不同。另一种重要的变化是女性在社会中获得了自由和独立意识。战争期间，女性与男士们一起并肩工作，当她们的丈夫在前线浴血奋战的时候，他们史无前例地首次成为养家糊口的主力。女性的价值观和生活态度很快发生转变，战争之前，那些逆来顺受、婀娜多姿的女性从头到脚都装饰各种正式场合的首饰来强化女性的柔美，而战后这种观念一去不复返了。完全成熟、有效率的女性更加偏爱简洁、整齐的服装以及在概念和设计上更加实用的首饰。

巴黎永远是产生艺术灵感的中心城市，早在战争之前巴黎就首次计划举办一次能够聚焦不同观点，甚至是争议观点的展览，这样可以迅速使之融合成一种流行的主导风格。1925 年，冠名为"装饰艺术与现代工业国际展览"

的盛典在城市中心展出，数百万参观者前往膜拜家具、雕塑、玻璃、陶瓷、银器特别是首饰，它们拥有共同的特点，即"新颖的设计以及真正的原创"。这次展览产生了巨大的文化冲击，今天我们以优雅和别致的同义词来命名这次运动——装饰艺术（Art Deco）。

几种不同的艺术风格促使装饰艺术风格的产生，包括野兽派（Fauvism）、立体主义（Cubism）以及早期的维也纳分离派（Vienna Secessionists），早在世纪之

一串渐变的东方珍珠项链，带有装饰艺术的钻石卡扣。20 世纪 20 年代天然珍珠出奇地昂贵，御木本幸吉（Kokichi Mikimoto）发明了人工养珠之后整个市场发生骤变。

初，他们就开始强调几何线条。简洁、线形的表达方式很快被时尚界接受，可可·香奈儿（Coco Chanel）和伊尔莎·斯奇培尔莉（Elsa Schiaparelli）都推出了一系列优雅的定制服装。缩短的裙摆使这些日常服装显得整齐、舒适。丝缎制作的晚礼服非常精致、贴身，看上去十分娇艳，略显男孩子气的形象和短发加强了这种效果。镶嵌钻石的长耳坠、绳状的珍珠项链以及苏托尔项链在这段时间非常流行。

1922 年，霍华德·卡特（Howard Carter）发掘了埃及年轻法老图坦卡蒙（Tutankhamun）的墓葬。这件事很快激

发了卡地亚、梵克雅宝以及拉·克劳克（La Cloche）等巴黎珠宝商们的热情，纷纷生产"法老"主题的首饰，设计带有一系列象形文字、金字塔、圣甲虫、莲花等复杂图案的手镯、胸针及别针，然后镶嵌祖母绿、红宝石、玛瑙和钻石作为装饰。这种类型的首饰在今天的市场上非常罕见，在拍卖会上往往能够拍出惊人的高价，一件拉·克劳克或者卡地亚生产的埃及风格手镯可以很轻松地拍到 150000 英镑。

块状色彩的装饰方法强化了装饰艺术的概念。设计师们大胆、果断地使用切割成立方体、金字塔形、长条形的绿松石、绿玉髓、玛瑙和珊瑚等宝石，与白色、呈几何形排布的钻石搭配，镶嵌在三维结构的建筑学风格铂金框架上。这一时期水晶也是一种重要的材料，它产量大、廉价，可以切割成各种有趣而美妙的几何形，与玛瑙、钻石一起镶嵌在首饰中产生强烈的对比效果。

与工艺美术运动时期的饰品不同，20 世纪 20 年代大颗粒的贵重宝石饰品又重新回到时尚中，缅甸的红宝石和蓝宝石以及哥伦比亚的祖母绿都打磨成光滑的长方阶梯形、三角形、正方形等几何形状，然后镶嵌在建筑学风格的结构上，完全没有不必要的点缀和过于烦琐的雕刻花纹。钻石切割成与装饰艺术风格的首饰紧密相连的样式——梯方式，这种切割方式非常适合在几何形的框架上开槽镶嵌，正好与切割成方形的祖母绿、红宝石、蓝宝石相搭配。20 世纪 20 年代晚期，

一对双耳瓶形法国耳坠，镶嵌玛瑙、珊瑚和钻石，约 1925 年。汉考克斯公司

一组装饰艺术风格的铂金、白色 K 金首饰，镶嵌钻石和各种宝石，1925~1935 年。威力士拍卖行

明亮式的钻石切工完全脱离了维多利亚时期那种不对称的垫形切工方式，都可以排列在规则的线条中或者成片地镶嵌，这样也强化了建筑学风格的设计特色。

装饰艺术首饰在两次世界大战之间的成功，极大地巩固了这些国际大牌的名望，促进了它们的成长，其中有我们熟知的卡地亚、

宝诗龙、梵克雅宝等品牌，这些品牌的首饰都有独一无二的"家族特色"。例如，梵克雅宝是发明"隐秘镶嵌"的先锋；宝诗龙擅长制作大型场合的正装首饰，大胆、棱角分明的首饰中镶嵌大量的彩色几何形玉石；卡地亚可能是今天世界上最有名的首饰品牌，它不断变换作品的风格，在 20 世纪 20~30

年代，受到中国、波斯、印度和埃及文化的影响生产了一系列设计卓越的产品，如"水果锦囊"（tutti frutti）系列的手镯、别针和贴颈链等首饰，很多首饰使用古代莫卧儿帝国时期装饰在华贵的头巾上和颈饰上的宝石（祖母绿、红宝石、蓝宝石），这些宝石都雕刻成花卉和叶子的形状，然后重新镶嵌在装饰有钻石的铂金结构上，设计主题非常丰富，如花盆、带有花瓶的花卉等样式，这些饰品经常唤起人们对 18 世纪"花园式"首饰的回忆。与乔治王时期的花园式首饰不同

的是，小瓶子和植物的茎秆不再使用乔治王时期的钻石，而都使用黑色漆艺或者镶嵌成排的方形玛瑙、祖母绿作为代替品进行装饰。

另一个重要的变化是腕表的佩戴日益流行。有不出名的瑞士制造商生产的廉价的小型金、银腕表，也有法国知名企业生产的镶嵌有高级钻石和名贵宝石的精品腕表。到 20 世纪 30 年代早期，腕表的销售量已经超过怀表。带有棱边的表壳以及表链都非常适合镶嵌小颗粒明亮切工和梯方形切工的钻石。稍微便宜一点的腕表使用的是黑色或者灰色

非常少见的胸针，镶嵌钻石、月光石、蓝宝石，带有嵌花的珠母贝，约 1925 年。

蝴蝶结形胸针，镶嵌钻石和方形祖母绿，约 1925 年。

法国银质手链，装饰漆艺、珐琅、蛋壳，古斯塔夫（Gustav）和杰拉德·山德士（Gerard Sandoz）于 1925 年制作。约翰·杰西

一组首饰套装，镶嵌玉石和钻石，约1925年。这份迷人的礼物盛放在原装的盒子中，但要注意的是，玉石材料本身的质量也是参差不齐的。伦敦邦汉姆斯；布里奇曼艺术图书馆

"花盆"首饰，由玉石雕刻成的花卉组成。大多数的玉石，如玉髓、软玉以及紫水晶等，都在德国或者奥地利雕刻，然后染成各种颜色。

三件装饰艺术风格的卡地亚"水果锦囊"首饰，镶嵌钻石和彩色宝石，约 1930 年。汉考克斯公司

卡地亚生产的小型表，满镶钻石，上面带有匹配的胸针，约 1925 年。威力士拍卖行

的套索形丝质表带，这些腕表在今天大都非常昂贵，如果是卡地亚、百达翡丽（Patek Philippe）、劳力士（Rolex）等品牌的产品，价格无疑会更高。

对于手链来说，20 世纪 20 年代是值得纪念的时代，从窄小、满是丝带和蝴蝶结装饰的样式到复杂镶嵌多种宝石的埃及复古风格的条带形手链都应有尽有。线形手链非常流行，这种手链由一排方形明亮切工的钻石组成，或者由钻石、方形玛瑙、祖母绿、红

镶嵌祖母绿、玛瑙、钻石的手表，配有一条黑色皮质套索形表带，约 1930 年。桑德拉·柯南

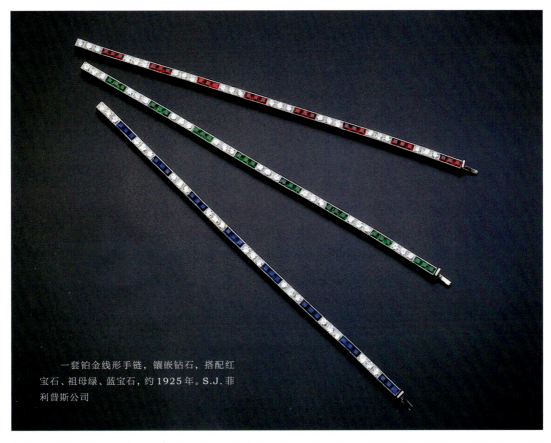

一套铂金线形手链，镶嵌钻石，搭配红宝石、祖母绿、蓝宝石，约 1925 年。S.J. 菲利普斯公司

装饰艺术风格的手链，镶嵌祖母绿和钻石，约 1930 年。桑德拉·柯南

宝石、蓝宝石相互间隔镶嵌组成。20 世纪 30 年代的手链大都宽大、厚重，有很多棱角，稍晚一些的手链质量差距比较大，明亮切工的梯方钻石经常与单翻切工的钻石一起镶嵌在重复的涡卷纹部件上，这些部件大都使用抛光很差的白色 K 金。

这一时期的胸针有很多有趣的样式，但一直保持对装饰艺术风格的钟爱。和早期的手镯一样，20 世纪 20 年代的胸针依然是美好时代的样式，20 世纪 30 年代盛行的几何形设计在 20 年代末已经开始出现，总体上来说，这一时期的胸针非常秀美而且富有想象力。特别受欢迎的设计包括：由钻石与方形红宝石或蓝宝石组成的生动、对比鲜明的蝴蝶结形胸针，肩章形胸针，镶嵌一圈小钻石并带有铰链的小印章形胸针，以及椭圆

宽条铂金手链，镶嵌橄榄形明亮切工和梯方切工的钻石、方形祖母绿，约 1935 年。

形、涡卷形、条带形或圆环形胸针。事实上，圆环形胸针是典型的装饰艺术风格，胸针的中间是一个由玛瑙或水晶制成的大圆环，两侧是镶钻的"V"字形花边。20 世纪 20 年代的新颖设计主题还有运动、赛马以及娱乐等内容的黄金、铂金胸针。这一时期还产生了一种简单有趣的胸针——"一字胸针"（sureté，或称销针），这种胸针的装饰头可以分开，针尖穿过服装之后可以将装饰头扣回以隐藏针尖。流行的样式有箭形、模压玻璃佛形，一字胸针如今很便宜，而且很值得收藏。

20 世纪 30 年代，一种镶嵌钻石的建筑学风格别针取代了漂亮的胸针、蝴蝶结的地位，这就是"对夹胸针"。这种胸针的扣件有两个等大的"背靠背"式卡扣结构，使用白色 K 金或者铂金制作而成，可以使别针分别扣在上面。做工复杂的别针还带有小销钉，扣合的时候可以卡入凹槽中。对夹胸针可以作为一件整体的首饰佩戴，也可以分开别在小夹克的两个衣领上作为装饰，这种胸针后来又延伸出片形胸针，这是一种由一系列排布呈几何形的钻石，如明亮切工、梯方形切

这种带有匹配项链的建筑学风格吊坠展示了装饰艺术风格的几个明显特征：大胆的线形对称；对比性材料的应用（青金石、孔雀石、钻石）；在玉石筒或者主要的面上雕刻几何形花纹。 汉考克斯公司

工以及单翻切工的钻石共同组合制作而成的长方形或者涡卷形胸针。片形胸针在战前非常常见，质量也参差不齐。

20 世纪 20 年代和 30 年代同样容易让人联想到那些迷人、过剩、精彩的聚会和舞

蹈、电影明星以及放浪形骸的娱乐。烟盒是一种时尚的配饰，从马平·韦伯（Mappin & Webb）或者爱丝普蕾（Asprey）制作的 9K 金或者银质的简洁款式到卡地亚、拉·克劳克、梵克雅宝生产的色彩缤纷的复杂款式应有尽有。烟盒的设计非常有创意，受中国、波斯以及埃及的影响，经常装饰珐琅或者青金石、玉石及珊瑚之类的宝石。吸烟在当时也获得了社会认可，无论男士、女士都使用烟嘴，这些烟嘴由琥珀、黄金、玛瑙、玉石等材料制成，并使用玫瑰切工的钻石装饰边缘。

镶满钻石的丝带式胸针，约 1930 年。
桑德拉·柯南

装饰艺术风格的对夹胸针，将明亮切工以及梯方形切工的宝石镶嵌成几何形。这种胸针可以分开佩戴在夹克的衣领上。威力士拍卖行

装饰艺术风格的对夹胸针，镶嵌铅玻璃，约 1935 年。铅玻璃的背面涂上金色颜料替代锡箔增强它们的闪光，注意那些"梯方"式的宝石镶嵌工艺非常差。

20 世纪 20 年代女士的配饰得以广泛应用。金丝网制作的晚装手袋经常装饰珐琅或者镶嵌成行的宝石、钻石，各种各样的化妆盒大都装饰几何形的图案或者喷涂一层黑色的漆。有时这种粉盒悬挂在一个像唇膏盒一样的管状结构下面，如果盒子里面的东西掉出来那是非常杂乱的！另一种非常时尚的配饰是多功能化妆盒，又称为百宝匣（minaudière）。这种化妆盒的制作专利属于梵克雅宝，盒子中可以盛放香烟、化妆粉、唇膏、梳子、邮票，甚至会有一个盛放小型钟表的地方！百宝匣使用金、银制作，也有使用其他白色金属制作的普通款式，法国百宝匣外面还有一个黑色羊皮小包，正好迎合了当时的华丽氛围。

175

卡地亚制作的黄金烟盒，装饰珐琅，约
1935 年。线条的布置是非常典型的装饰艺术
风格，这件作品灵感可能来自散热片的结构。

典型的装饰艺术风格首饰，使用铂金或白色 K 金镶嵌钻石，
1930~1935 年。

176

装饰艺术风格的正装铂金项链，镶嵌蓝宝石、钻石，约 1935 年。汉
考克斯公司

拓展阅读

Christie's Twentieth Century Jewellery by Sally Everitt and David Lancaster (Pavilion Books Ltd.).

Antique and 20th Century Jewellery by Vivienne Becker (NAG Press).

Understanding Jewellery by David Bennett and Daniela Mascetti (Antique Collectors' Club).

名人辑录

查尔斯·罗伯特·阿什比（ASHBEE, Charles Robert，1863~1942 年）

英国工艺美术运动的倡导者和领导者。1888 年，阿什比建立了手工艺行会，并成为首席设计师。他擅长制作自然主义风格的银饰、珐琅、宝石镶嵌的项链、吊坠以及搭扣，作品中经常有孔雀、野生花卉以及蝴蝶等主题。1902 年，从伦敦搬迁到格洛斯特郡奇平·坎普顿的艾克瑟斯手工作坊（Essex House Works），1907 年在与利伯蒂公司的竞争中被迫关闭。

弗雷德里克·宝诗龙（BOUCHERON, Frédéric，1830~1902 年）

宝诗龙是法国设计师、金匠，擅长制作精致的钻石首饰，1858 年在巴黎的帕雷·罗亚尔（Palais Royale）建立了自己的公司。1893 年公司搬迁至芳登广场，公司成功经营至今，而且其产品经常在法国和美国展出。宝诗龙产品大胆、有创意，从引人注目的装饰艺术风格胸针到今天优雅的自然主义主题饰品应有尽有。

麦修·博尔顿（BOULTON, Matthew，1728~1809 年）

工程师、实业家，1762 年将坐落于伯明翰（Birmingham）斯诺希尔（Snow Hill）工作室的大部分业务转向生产刻面钢首饰、配饰、搭扣等物品。1773 年，博尔顿与乔赛亚·韦奇伍德一起生产镶嵌新古典风格陶瓷浮雕的刻面钢饰品。

约翰·布罗格登（BROGDEN, John，活跃于 1842~1885 年）

布罗格登是亨利埃塔街（Henrietta Street）考文特花园的一个零售商，同时也是设计师、金匠。他擅长多种风格黄金首饰的制作，如建筑学风格、古典风格以及亚述风格，在玉石浮雕、珐琅以及镁铝榴石饰品制作方面也非常出名。他的印记是椭圆形涡卷纹中带有大写的"JB"字母。

威廉·布朗（BROWN, William，1784~1825 年）和查尔斯（Charles，1749~1795 年）

宝石雕刻家，擅长雕刻新古典主义人物侧面像，他们的作品都陈列在皇家学院（Royal Academy）中。

宝格丽（BULGARI）

1879 年由苏提里奥·宝格丽（Sotirio Bulgari）在罗马建立的珠宝品牌，1905 年迁至孔多迪大街（Via dei Condotti）。宝格丽在 20 世纪 60 年代之前成为一家成功的国际珠宝首饰经销商，擅长高端定制以及制作各种镶嵌大颗粒彩色半宝石、古代钱币的日常首饰。

爱德华·伯契（BURCH, Edward，1730~1814 年）

雕塑家、宝石雕刻家、皇家学会会员，同时为乔赛亚·韦奇伍德和詹姆士·塔西（James Tassie）工作，擅长雕刻古典侧面像。

威廉·伯杰斯（BURGES, William，1827~1881 年）

建筑师、设计师，多才多艺的学者，他的作品体现了非常强的哥特式复古风格，如精致的黄金十字架、项链，大英博物馆中部分赫尔·格伦迪（Hull Grundy）的藏品是伯杰斯为他的赞助人别特侯爵（Marquis of Bute）制作的婚礼首饰。

卡地亚（CARTIER）

自从 1847 年在巴黎诞生之后，卡地亚的名字便与那些名贵的首饰、配饰、腕表和高档的工艺品产生了密切的关联。卡地亚由路易 – 方斯瓦·卡地亚（Louis-François Cartier，1819~1904 年）建立，随后公司由他的三个孙子路易、雅克、皮埃尔接手，并得以扩展，他们分管位于巴黎、伦敦和纽约的分店。

卡地亚在材料的质量、独创性以及设计执行方面永不妥协。卡地亚是首家使用铂金制作复杂的美好时代风格花环式钻石首饰的公司，在 20 世纪 20 年代和 30 年代，卡地亚为许多世界著名的客户制作了大量的精品首饰、配饰，这些饰品很多受印度、波斯以及东方的古埃及和俄罗斯等艺术风格的影响。

费顿那多·皮·卡斯特拉尼（CASTELLANI, Fortunato Pio，1793~1865 年）

意大利金匠、考古学风格首饰的开创者之一。卡斯特拉尼擅长在他的古典设计中使用金珠粒工艺。他的作品影响很大，因为人们认为古代伊特拉斯坎的金珠粒工艺已经失传。为了强化古典风格，他使用古代钱币、玉石凹雕和圣甲虫等材料镶嵌成双耳瓶、古罗马别针以及古老的坠饰。卡斯特拉尼过世之后，他的两个儿子亚历山德罗（Alessandro，1824~1883 年）和奥古斯托（Augusto，1829~1914 年）继续他的事业。卡斯特拉尼的标识是背靠背相互重叠的字母"Cs"。

切尔德·切尔德（CHILD & CHILD，活跃于 1891~1915 年）

沃尔特（Walter）和哈罗德·切尔德（Harold Child）在伦敦建立的珠宝首饰公司。擅长制作精美但价格合理的金、银以及银镀金饰品，如吊坠、胸针、搭扣等。翅膀形的饰品非常有特色，很多这种饰品上都使用半透明珐琅装饰成绿松石一样的蓝色或者绿色，出售的时候都会带有绿色的皮革盒子。饰品上面的印记是一朵带有"CC"字母组合的向日葵。

约翰·保罗·科博（COOPER, John Paul，1869~1933 年）

工艺美术运动时期的设计师和金匠，他最早在亨利·威尔逊（Henry Wilson，1864~1934 年）的工作室学习，很快成为伯明翰艺术学校金属工艺的重要人物，后来离开那里建立了自己的公司。利用其 15K 黄金饰品制作方面的特长，约翰·保罗·科博迅速掌握了掐丝珐琅和内填珐琅技术并生产了大量的首饰和配饰，这些饰品都镶嵌彩色宝石以及一系列当时并不常用的有机宝石材料，他的作品大都受到亨利·威尔逊的影响。

179

西比尔·邓洛普（DUNLOP, Sibyl，1889~1968年）

出生于苏格兰，工艺美术运动时期的设计师和经销商，曾经在布鲁塞尔（Brussels）学习，后来在肯辛顿教堂大街建立了一家零售商店，擅长在银饰上镶嵌宝石和各种低调的彩色玉石。事实上她设计的很多自然风格和几何形的作品与当时另一个设计师多里·诺西特的作品非常相似，而且经常容易混淆。

彼得·卡尔·法贝热（FABERGÉ, Peter Carl，1846~1920年）

俄罗斯顶级设计师、金匠。法贝热在法兰克福做过一段学徒之后，又游历了几个欧洲城市，回国后于1870年接手了家族产业。1882年在全俄展览会上获得金奖，之后迅速成名，1884年受沙皇亚历山大三世委托制作第一个皇家复活节彩蛋，彩蛋要使用平整的白色珐琅并且打开之后要有一个"惊喜"——一只黄金制作的微缩母鸡，在它的身体里面还有一个小皇冠。同年，法贝热获得皇家授权。皇家订单成为法贝热成功的开端，他很快收到了许多显贵的订单，包括欧洲和东方的几个掌权家族。在俄罗斯开设了四家分店后，法贝热在伦敦邦德街（Bond Street）设立了一个分店，在这里销售他们精美至极的首饰、配饰以及"理想作品"。1918年，他的店被布尔什维克关闭，法贝热被迫逃亡到瑞士洛桑并于1920年在那里逝世。

法贝热的巨大成功很大程度上取决于他从生产纯功能性的饰品到生产装饰性工艺品的转变，涉及的范围得到了很大的扩展，包括玉石雕刻、带有水晶花盆的花卉装饰，当然还有57个帝国复活节彩蛋。法贝热雇用了一个由大师组成的团队，技艺超群，团队中的每个人都有一项特殊的专长。法贝热能够熟练使用彩色的透明珐琅和多种颜色的黄金材料，配合高雅的品位，注重细节，以完美无瑕的技术使其作品无可匹敌，与帝国家族的紧密联系增加了法贝热的神秘传奇色彩。

西奥多·法尔纳（FAHRNER, Theodor，1859~1919年）

德国首饰设计师，他预见了装饰艺术时期流行的几何形、线形首饰，并在他"买得起的首饰"，即那些装饰有珐琅、玉石片以及带有马克赛石镶边的银饰中有所体现。

亚历克斯·法力兹（FALIZE, Alexis，1811~1898年）和他的儿子卢西恩（Lucien，1838~1898年）

擅长制作色彩丰富的、受日本和波斯风格影响的掐丝珐琅首饰，他们制作的描绘东方花鸟的圆盘形吊坠很有代表性。

乔杰斯·富盖（FOUQUET, Georges，1862~1957年）

新艺术运动时期的金匠，拥有强大的设计能力和大胆的风格，他将钻石、宝石与镂空珐琅组合在一起。最有名的作品是一个精美至极的蛇形手镯，上面装饰了彩色珐琅，这个手镯是阿尔方斯·穆夏为女演员莎拉·贝恩哈特（Sarah Bernhardt）设计的。

方斯瓦德泽利·福蒙莫里斯（FROMENT-MEURICE, François-Désiré，1802~1855年）

巴黎首饰匠，他引导了哥特以及文艺复兴风格首饰的设计潮流，即我们所知的"教堂风格"。

亚瑟·加斯金（GASKIN, Arthur, 1862~1928 年）**和他的妻子乔治娜**（Georgina, 1866~1934 年）

工艺美术运动时期的金银匠，生产风格独特的镶嵌首饰和银饰。与威廉·莫利斯、前拉斐尔派关系密切，加斯金的首饰有强烈的自然风格，喜欢在叶子和卷须上镶嵌成簇的弧面宝石。

卡鲁·朱利亚诺（GIULIANO, Carlo, 1837~1895 年）

19 世纪制作古典复古风格、文艺复兴复古风格首饰的领军人物，在珐琅工艺方面很有名。出生于那不勒斯，建立自己的工作室之前，朱利亚诺跟随卡斯特拉尼做过一段时间的学徒，1874 年，在伦敦皮卡迪利建立起自己的零售店。他的"艺术首饰"具有与众不同的优雅气质，同时兼具原创性，使用碧玺、锆石、钙铝榴石、石榴石以及斯里兰卡蓝宝石等宝石相互组合与黄金材质形成对比，然后使用精细的珐琅强化效果，有时也使用珐琅和雕刻工艺在首饰的背面做进一步的装饰。

朱利亚诺去世后，他的两个儿子卡鲁和亚瑟继续推进生意，他们设计了同样独特的项链、手镯、胸针等首饰，这些饰品使用了典型的黑白珐琅。卡鲁·朱利亚诺作品的标识是在椭圆形花纹中的"CG"字母，1896 年以后使用的是缩写"C&AG"。

安德鲁·格里玛（GRIMA, Andrew, 生于 1912 年）

当代手工艺人、首饰制作者，经常使用粗犷、未切割的水晶或者海蓝宝石、托帕石以及粉色绿柱石之类的彩色宝石，搭配带有纹理的黄金镶嵌结构。格里玛于 20 世纪 60~70 年代在大胆抽象的首饰制作方面开创了先河，他的作品在今天具有很高的收藏价值。他的作品的印记是"Grima"或者是"AG"。

查尔斯·亨利·荷纳（HORNER, Charles Henry, 1870~1949 年）

20 世纪早期哈利法克斯（Halifax）的一个银匠，生产廉价但是风格明显的珐琅和银首饰，特别是带有自然风格和凯尔特风格的吊坠、胸针以及帽针。其作品的印记是"CH"，同时带有"切斯特检测办公室"（Chester Assay Office）的印记。

乔治·杰生（JENSEN, Georg, 1866~1935 年）

丹麦金银匠，他的珠宝首饰引人注目而且家喻户晓，这些饰品灵感主要来自大自然，制作成雕塑或者半抽象的形式。杰生在生意方面独具慧眼再加上过硬的商贸技巧使他的公司直到今天依然繁荣。杰生设计的饰品都是单独编号的，包括黄金、白银，有时组合各种宝石和玉石，如青金石、月光石以及石榴石等。作品上铭刻公司全称或者在一个圆点中的"GJ"字母缩写。

阿奇博尔德·诺克斯（KNOX, Archibald, 1864~1933 年）

金银匠，工艺美术运动时期的首饰设计师。他为利伯蒂公司设计了很多作品，他的作品带有很强的凯尔特风格，装饰珐琅并且镶嵌典型的宝石题材，如欧泊、月光石、绿松石以及贝附珍珠等，这些饰品共同组成了利伯蒂公司的"威尔士"风格首饰。

辜青斯基（KUTCHINSKY，建立于 1893 年）

伦敦首饰品牌，今天依然活跃，在 20 世纪 60~70 年代非常流行，产品有精致的钻石首饰，镶嵌各种有趣宝石的、抽象的黄金饰品以及圆片状孔雀石、虎睛石等玉石材料的吊坠。

勒内·拉利克（LALIQUE, René, 1860~1945 年）

巴黎著名的金匠，拥有无可匹敌的制作技术和天才的想象力，新艺术运动时期的领军人物之一，他的知名度在 19 世纪末欧洲遍及整个欧洲。拉利克使用金、银乃至那些不常用的金属铝等材料制作了很多有远见的首饰，很多都装饰有镂空珐琅。拉利克对自然主题的欣赏也表现在很多首饰的图案上，如昆虫、茂盛或者衰败的花卉以及裸体的女性形象，所有这些作品都具有一种完美无缺的美感，一如既往地妙不可言。

利伯蒂公司（LIBERTY & CO）

由亚瑟·拉曾比·利伯蒂（1843~1917 年）建立，利伯蒂公司坐落于伦敦摄政街（Regent Street），该公司通过委托阿奇博尔德·诺克斯、亚瑟·加斯金以及杰西·M.金等著名设计师，生产适合佩戴而又相对廉价、结实耐用的"威尔士"风格首饰，在工艺美术运动时期保持领先优势。公司的商业需求与查尔斯·罗伯特·阿什比的艺术人格是不匹配的，但是利伯蒂公司对英国艺术首饰的发展影响重大，它把个体手工艺工匠生产的小产品带到了公众的视野之中。

内森尼尔·马查特（MARCHANT, Nathaniel, 1739~1816 年）

宝石雕刻大师，他一生拥有相当可观的成就，为许多重要的家族和政治家做过雕像，如威廉·皮特（William Pitt）以及厄尔·斯宾塞（Earl Spencer）。

贾钦托·梅利洛（MELILLO, Giacinto，1846~1915 年）

那不勒斯的天才金匠，在 1870 年接管了卡斯特拉尼的工作室。由于深受到古典风格和"考古学"风格的影响，梅利洛在制作伊特拉斯坎风格首饰方面成为最有名的大师，擅长制作黄金材质的有翼小天使、狮子以及丰饶角，并在饰品上装饰小金珠粒和缠绕的花丝。

亨利·乔治·墨菲（MURPHY, Henry George, 1884~1939 年）

亨利·墨菲作为金银匠在亨利·威尔逊的工作室接受过培训，他在金属和装饰珐琅方面得到了深入的训练。与埃米尔·莱特尔（Emil Lettré）在柏林度过一段时间后，他回到英国在伦敦韦茅斯街（Weymouth Street）建立了自己的工作室，这就是我们所知的福肯工作室（Falcon Studio）。墨菲是一位才华横溢的画家、设计师，擅长设计多种不同的主题，产品涵盖哥特风格、文艺复兴风格以及装饰艺术风格等类型。他也是一位有天赋的老师。其作品的印记是带有猎鹰徽的字母"HGM"。

莫如尔·本内特公司（MURRLE BENNETT & CO，活跃于 1884~1914 年）

由欧内斯特·莫如尔建立的一个金银匠公司，欧内斯特·莫如尔是一个出生在德国的金银匠，1884 年与本内特先生（Mr Bennett）建立合作关系。利伯蒂公司为他们建立了一个橱窗，来展示那些优雅的可佩戴的项链、胸针以及吊坠，这些饰品上经常镶嵌贝附珍珠、带有围岩的绿松石等各类半宝石。莫如尔·本内特公司的印记是"MB"或者是"MB & Co"。

摩西·奥维德（OVED, Mosheh，活跃于 1903~1953 年）

"雕刻之角"（Cameo Corner）的建立者，布鲁姆斯伯里区著名的古董珠宝收藏家，到伦敦前，波兰犹太人摩西·奥维德几乎身无分文，通过努力他在伦敦建立了一个展示稀有珠宝的精致小店，拥有包括玛丽皇后（Queen Mary）、鲁道夫·瓦伦蒂诺（Rudolph Valentino）等一系列客户。他与妻子萨哈（Sah）一起，经常设计和制作一些基于他们情感的带有动物和鸟类形象的金银戒指。

罗伯特·菲利普斯（PHILLIPS, Robert，1810~1881 年）

"考克斯伯大街的菲利普斯"（Phillips of Cockspur Street）建立于 1846 年，其作品带有精细的珐琅，在精美的黄金饰品上镶嵌对比性的宝石，擅长制作考古学风格、文艺复兴风格的首饰，如镶嵌珊瑚的流苏项链、装饰精细珐琅的吊坠和亚述风格的王冠。菲利普斯对卡鲁·朱利亚诺早期的鼓励和资助也非常重要。罗伯特·菲利普斯过世后，他的儿子阿尔弗雷德（Alferd）接手了他的生意。他们的首饰印记是在菱形边框中带有威尔士亲王羽毛图案。

乔凡尼·皮齐勒（PICHLER, Giovanni，1734~1791 年）和他同父异母的弟弟路基（Luigi，1773~1854 年）

意大利宝石雕刻家，擅长制作经典的主题和侧面像，并且有独到的见解。他们的玉石作品经常镶嵌在 18 世纪的戒指或项链上，印记是希腊大写字母。

克里斯多夫·皮奇比克（PINCHBECK, Christopher，1672~1732 年）

舰队街的制表匠，他完善了铜和锌的合金技术，制作出一种可以成功模仿黄金的多功能金属。不要将这种金属与后来生产的那些廉价、低劣的镀金材料相混淆。

拉姆斯登和卡尔（RAMSDEN & CARR）

奥马尔·拉姆斯登（Omar Ramsden，1873~1939 年）和阿莱温·卡尔（Alwyn Carr，1872~1940 年）是英国工艺美术运动时期的领导人物。他们在谢菲尔德艺术学校（Sheffield School of Art）求学时相遇，很快成为密切的搭档，1898~1919 年在伦敦主要生产银质器物、首饰和珐琅饰品。

托马索·索里尼（SAULINI, Tommaso，1793~1864 年）和他的儿子路基（Luigi，1819~1883 年）

意大利玉石、贝壳雕刻家和肖像雕刻家，其所制作的饰品以工艺精细、准确而闻名，大多数作品的签名是"T. Saulini F."或者是"L. Saulini F."。

埃德温·斯特里特（STREETER, Edwin，1834~1923 年）

维多利亚时期晚期伦敦一个首饰销售部门的重要人物。埃德温·斯特里特是一个世界范围的宝石开发者和销售商，1867 年在康迪街（Conduit Street）建立自己的商店，商店后来迁至邦德街（Bond Street）。他定期为商店制作彩色货品目录，这使我们在今天能够了解 19 世纪 90 年代饰品的原始价格和流行样式。

詹姆士·塔西（TASSIE, James，1735~1799 年）

苏格兰的技术探索者，他使用铸造铅玻璃的方法仿制玉石浮雕和凹雕。塔西用硫化物作为基础模型制作出有色或者无色、透明或者不透明的产品。这些产品在 18 世纪 70 年代非常流行，甚至有几千件产品是由俄国女皇委托定制的。

查尔斯·刘易斯·蒂凡尼（TIFFANY, Charles Lewis，1812~1902 年）和路易斯·康姆福特（Louis Comfort，1848~1933 年）

美国首饰设计和零售的领袖人物。最初在文具和礼品生意中发迹之后，查尔斯·刘易斯·蒂凡尼使自己的生意多元化，开始进入珠宝首饰设计、生产以及银饰行业，首先在纽约，然后进入巴黎和伦敦。蒂凡尼公司擅长各种精工制作和应用艺术，持续生产了大量优雅的首饰，如带有美好时代"花环"风味的首饰、新艺术运动、装饰艺术、二战前风格以及现代主义样式的首饰。今天蒂凡尼公司在金银首饰以及礼品方面仍然是世界领先的品牌之一。

梵克雅宝（VAN CLEEF & ARPELS）

法国珠宝首饰设计和生产方面的领导品牌，公司由阿尔佛雷德·梵克里夫和他的两个内弟查尔斯·雅宝和朱利恩·雅宝在 1898 年共同组建。他们最成功的工艺是"隐秘镶嵌"技术，这种工艺可以将红宝石和蓝宝石使用铂金或者黄金镶嵌成带有花朵的花束胸针。梵克雅宝今天已经是世界闻名的品牌，其代表产品有精致的珠宝首饰、腕表、配饰以及香水。

威弗尔·梅森（VEVER MAISON）

由保罗·威弗尔（Paul Vever）于 1821 年建立，后由他的两个儿子保罗（Paul，1851~1915 年）和亨利（Henri，1854~1942 年）接手，梅森·威弗尔生产优雅的、经常是朴素低调的、新艺术风格黄金珐琅首饰。亨利也是三卷法国 19 世纪珠宝首饰历史的权威作者。

朱尔斯·维斯（WIESE, Jules，1818~1890 年）和他的儿子路易斯（Louis，1852~1923 年）

维斯的作品在这些年获得了普遍的认同，这主要取决于他们对哥特风格首饰那种独一无二的理解和忠诚。朱尔斯 1865 年建立自己的工作室之前在福蒙莫里斯（Froment-Meurice）的工作室里学习。维斯工作室使用简单的弧面宝石，如红宝石和斯里兰卡蓝宝石，另外还镶嵌古代的硬币，通过简单捶打制作出类似中世纪风格的饰品。他们偶尔使用的印记是上面有一颗星的"JW"。

亨利·威尔逊（WILSON, Henry，1864~1934年）

英国工艺美术运动时期的重要人物，既是具有革新意识的设计师，也是亨利·墨菲以及约翰·保罗·科博等很多金匠的导师。威尔逊任教于中央学校和皇家艺术学院（Central School and Royal College of Arts），受到中世纪和宗教意象的强烈影响。他的大多数作品装饰有彩色的珐琅，如其著名的"戴安娜"（Diana）头饰镶嵌有各种宝石以及水晶的圆柱形装饰。

哈利·温斯顿（WINSTON, Harry，1896~1978年）

纽约珠宝企业家。哈利·温斯顿取得巨大成功的关键是购买"不时尚"的珠宝首饰，然后将其重新打磨、塑造成一件全新的饰品，这使他迅速获得纽约富豪和国际客户的青睐。哈利·温斯顿以"钻石之王"自居，在他的有生之年经手了很多稀有、重要的钻石和贵重宝石，并且将著名的"希望之钻"（the Hope Diamond）捐献给了华盛顿的史密斯协会（Smithsonian Institute）。

一件世纪之交的头冠饰品，镶嵌钻石、布顿珍珠以及渐变的水滴形珍珠，这些珍珠的颜色都是纯净、统一的。汉考克斯公司

首饰收藏纪要

1. 价值评估

价值评估是一个特别主观的问题，根据物品的类型、稀有程度、设计、组成甚至检测地点的不同而有所区别。不幸的是，并不是所有的评估者都有很深的阅历，这就是为什么要请一位拥有相关资格认证以及相关经验的专业人士来帮你处理类似的问题。在我看来，让一个在商业街上销售时尚黄金饰品、手表和礼品的人来鉴定法贝热的设计或者宝诗龙的手镯是没有任何意义的，即便在拍卖行检测，其设备也非常简陋，难以准确地评估这些精致、稀有的钻石饰品、工艺品以及古董首饰的时价。

在英国的首饰评估人员一般需要在宝石学方面完成两年的专业课程，最终获得宝石协会的研究学位（F.G.A.）。在此基础上强化学习一年钻石专业知识可以获得宝石及钻石学的学位认证（D.G.A.）。很多有名的商店附属于国际金匠协会（N.A.G.），协会可以为其会员提供深入的课程和研讨班，讲授价值评估的要领以及从事此类职业所需的各种技术。

在这个热衷于诉讼的社会中，完整且带有数字照片的详尽评估报告是必备的材料。

一份包含精确的钻石等级、来源、彩色宝石质量及真实性、古董首饰的年龄、不同部件的重量、保存状态、修理和缺陷记录的报告既可以避免饰品部件被类似的物品替换，又可以在重大损失中为你提供可以赔付的法律证明。

我需要什么样的评估？

大多数的评估都是为了提供保险。一般来说，这会关系到使用同等的设计、质量以及原先的价值为零售店的损失提供替代的理论依据的问题。一件首饰的交易，如在卡地亚或者蒂凡尼公司必然会有一个不同的"增高标价"与其他销售商的"交易"相区别，这是因为精确地标明产品的交易地点是非常重要的。同样，古董首饰的珍品——如卡斯特拉尼、拉利克或者法贝热的作品经常只有在伦敦西区（London West End）非常专业的商店或者经销商甚至海外的店面中才能见到，再次说明从专业人士那里获得建议的重要性。

遗产认证评估（Probate valuations）是为已故之人部分资产进行基于死者死亡当时物品在市场上合理销售价格的评估。公开市场评估（Open Market values）相当于物品的价格来自拍卖会可能拍出的价格，一般来说会低于零售保险的价格水平。其他类型的评估包括资本所得税（Capital Gains Tax）、家庭财产分割与离婚（Family Division and Divorce，这种评估有时非常严苛，带有老练的等级推荐）。后损失评估（Post Loss Assessment）可以为丢失的物品提供可追溯性的评价，但不是丢失之前的估值。

我需要支付多少钱？

很多评估人员仍然基于客户所评估资产的百分比来收费。就个人来说，笔者认为这种方法有点不道德也是一种公开的恶习，问题是很明显的，将评估价格尽量做高，就可以获得更高的收益。现在为大多数商店、评估者和拍卖行所接受的相对公平、合适的方法是根据评估所需的时间来计算酬金。这样需支付的费用经常包含时薪加上增值税（VAT）以及进行后续研究所额外增加的费用。无论采用哪种方法，都务必从一开始就建立一个正式的收费结构以及评估师资格机制。

2. 赝品、伪造和优化

珠宝首饰和其他艺术品领域一样，遭受了过多的欺诈和伪造。这种现象也不是最近才出现的，从很早的时候就开始了。使用黄铜和镀金材料伪装成黄金，用玻璃和伪造

宝石替代那些闪亮的钻石和名贵宝石，这种行为已经持续了几个世纪。珠宝首饰迎合了人们卑劣的生物本能，一部分珠宝商又在乏味的交易中增加了阴谋诡计来引起人们的兴趣。在首饰的传奇中贪婪是非常重要的组成部分，经常导致冲突和金融灾难。这里举出一些例子，不很详尽，但都是基于宝石和首饰领域内一些容易犯的错误。

（1）宝石。今天在世界上几乎任何一种宝石我们都可以对它进行人工合成、处理、辐照、优化以改变它的外观。所有的无色宝石都可以模仿钻石，有些非常明显、容易辨认，而有些技术非常成熟。带有微瑕的钻石可以用激光除掉斑点，另外颜色很浅的钻石可以强化或者改变其颜色。如果购买钻石，一定要确认所买钻石带有国际性的实验室认证证书以确保其真实性。在今后的数十年，一个在首饰工业领域内隐约出现的问题就是合成钻石。这些钻石和真正的钻石一样好，得到它们只是时间的问题，不良的商人会像销售真正的钻石一样出售它们。为消除购买者的疑虑，增强购买者的信心，钻石加工者开始使用激光在钻石的腰围上铭刻一系列的数字，这样可以与正式的证书相对照。

红宝石和蓝宝石从 20 世纪 20 年代开始可以合成，很多装饰艺术时期的首饰就镶嵌这种人工宝石。观察那些方形或者长条形切割的宝石，尤其是混镶在手表、手镯以及别

185

针上的那些红、蓝宝石时要带有怀疑的态度。同样，确保在远东地区购买的现代红宝石或者蓝宝石作品都有权威的独立证书。

在所有的贵重宝石中祖母绿优化的可能性最大。事实上，近些年情况变得更糟，几乎明显地破坏了整个祖母绿的市场。所以拥有一个证书是非常重要的，特别是那些带有"漂亮"颜色的祖母绿。

欧泊可以用在真实材料的表层和底层增加层次的方式来强化颜色，这就是我们所知的二层石和三层石。

海蓝宝石使用合成的蓝色尖晶石来模仿，而那些廉价的、带有变色能力的合成刚玉在20世纪50年代被当成昂贵的亚历山大石出售。

早在中世纪时期玻璃就成为高档宝石的替代品。玻璃及铅玻璃的硬度比真正的宝石低，可以通过从表面的擦痕和"模铸"的刻面来辨别。玻璃中经常会包含气泡和旋涡纹，玻璃也是热的不良导体，在触摸的时候会感觉比较温暖。18世纪的铅玻璃饰品很有欺骗性，所以仔细检查乔治王时期的戒指、胸针是非常必要的。最后，一定要检查背后贴箔的宝石——特别是蓝宝石、红宝石和粉色托帕石要加倍关注。你购买到的昂贵的蓝宝石有可能只是带有金属箔片的水晶。

（2）首饰。对带有印记的首饰一定要引起重视。假的法贝热作品非常多甚至出现了专有名词"Fauxbergé"。同样，所有知名品牌——卡地亚、梵克雅宝、蒂凡尼、宝格丽等作品都被广泛地仿冒。这些仿冒品中有的制作非常低劣，有时连名字都会拼错。

带有伪造"印记"的首饰以及大多数古董赝品的质量都很差，镶嵌工艺非常粗糙，宝石质量低劣，钻石经常带有瑕疵。今天很多装饰艺术风格的首饰都是由远东地区制作的，质量高于普通产品，但是钻石是对称的现代切工，彩色宝石也很机械地一致。19世纪复古风格首饰几乎都是仿冒的而且每一件上都带有伪造的印记。伪造的卡斯特拉尼以及朱利亚诺作品中的花纹印记一般都比较粗糙，而且作品主要使用含铅的软焊料，但是好的仿冒品经常能够欺骗很多人。

当代很多镂空珐琅的作品质量都非常好以至于出现了很多新艺术运动风格的仿制品，如蝴蝶形以及带有人物形象的胸针。如果对这些作品存在疑问，可以咨询这个领域的专家。

18世纪和19世纪早期的首饰在今天特别受欢迎，这就意味着会产生大量的仿冒品。一定要注意乔治王时期的套链——现代仿品非常多，但不如当时的作品精致。其他摄政时期的仿品有：双心的戒指、小花园戒指、镶嵌玫瑰切工钻石的耳坠以及暗语首饰，如"尊敬的"（regard）戒指和吊坠盒等。

（3）腕表。在奢侈品市场中相对于其他

商品来说，腕表大概是仿品最多的品类，名字越响亮，仿品越多。像卡地亚、劳力士（Rolex）等制造商对于"坦克手表""牡蛎手表"等款式一直保持高度警惕，我们都看过那种将伪造手表使用压路机全部销毁的神奇照片。一定要确认你买到的手表来自可信的渠道，并且检查是否有原装的盒子和证书。

最后，按照惯例一定要仔细检查销售票据。赝品的出售价格通常也不便宜，当然如果是件非常好的正品，那就太好了。始终保留购买的收据，因为它可以给你清晰、明确的购买时间和来源信息。如果是从拍卖行购买，这些规则同样适用，然而重要的是始终记住在交易中广泛应用的语句："货物售出，概不退换，买方自慎。"

3. 清理、修复和修理

对一件质量很好的首饰进行愚笨的修理会破坏它的完整性和关键信息，会直接影响到首饰的价值。直到现在，这种方法应用也不广泛，大概是因为珠宝商和消费者对首饰原始保存状态非常警觉，所以修复和改装只会在迫不得已的时候才使用。然而，"历史性"的改变还是层出不穷，将原装的配件、别针、圈环去掉；有意将制作者印记去除，故意将维多利亚时期戒指上的制作者印记显露出来；将旋转式的胸针扣件安装在古董首饰的背面；使用不匹配的宝石或者现代钻石大量镶嵌在古董首饰的框架中；还有使用粗陋的铅焊料修补精细的黄金饰品等。

事实上，不论多么专业的修复或者改装，专业的评估师都能分辨出来。所以，不要轻易清理古董首饰，除非打算放在家里永久保存，否则大家的第一印象是这件东西有问题。古董首饰的购买者就像是买古画、古瓷器或者古家具的人一样，他们希望饰品是没有被碰触过的，有完好的原始状态。

说了这么多，不是说因为不时尚或者难以佩戴的问题，把你的胸针或者手镯简单地锁在抽屉里。关键是要向有经验的珠宝商或者当地的专业人士请教，咨询正确的建议，一个很好的方法是看这家店面是不是国际金匠协会（N.A.G）的成员。这相当于是"珠宝首饰的申诉专员"，意味着如果对服务不满意你可以获得更权威的申诉权。

很多信誉好的珠宝商，特别是伦敦中心区的珠宝商不隶属于国际金匠协会（N.A.G.），但是，他们能提供优质的工作室设备，查询一下英国古董销售商协会（B.A.D.A.）或者艺术和古董销售商协会（L.A.P.A.D.A.)的最新成员是非常重要的。

首饰的修复、改善有可能非常昂贵，在此之前一定要取得一个书面的评估报告。不论首饰制作工匠的技术多么精湛，有些方面的恢复工作仍然是不妥当的，如那些罕见的法贝热作品、早期的首饰作品、花丝工艺以及马赛克的作品。当然，也有些修复可以提高饰品的价值，如将维多利亚时期花卉形群镶的胸针变成项链的搭扣，重新将古代磨损的彩色宝石进行抛光更换那些损坏或者褪色的宝石贴箔，以及将不好看的珍珠和绿松石更换成能够匹配的新品。

清洗

和修理一样，清洗首饰也要加倍小心。许多古董宝石和首饰需要由经验丰富的专业人员处理，尤其是珍珠，特别容易受到伤害。

然而，通过一些简单处理方法可以使你的金银首饰——特别是戒指，焕然一新：将旧牙刷放在温水里面，然后加入几滴洗涤液，轻轻刷洗镶嵌部位的周围和背面，这样可以清除灰尘和污垢。注意不要用肥皂，否则会留下很多白点，清洗后使用厨房用纸将首饰擦干。这种方法非常适用于钻石、红宝石、蓝宝石以及其他使用镂空的方法镶嵌的海蓝宝石、柠檬晶、紫水晶等半宝石的时装戒指，不适用于那些脆弱的宝石，如祖母绿、珍珠、欧泊以及绿松石首饰。最后说一点，清洗时切记一定要塞上水池的下水口！

18 世纪的钻石胸针。

同一胸针的背面却展示了悲催、拙劣修补的大杂烩。

索 引*

"花盆"首饰 **195**
"眼泪"首饰 84
"隐秘"链扣 65，**153**
《图像》**58**

A.W.N. 普金 126
J.E. 考德威尔 186
M.D.S. 刘易斯 75

阿尔伯特 153
阿尔伯特亲王 54，81，85，104
阿尔方斯·富盖 174
阿尔方斯·穆夏 174，203
阿尔弗雷德·梵克里夫 188
阿尔弗雷德·菲利普斯 133，206
阿尔及利亚结 54
阿莱温·卡尔 206
阿奇博尔德·诺克斯 26，**167-168**，204
埃德温·斯特里特 58，**60-61**，207
埃尔金 153
埃及复古风格 98，**126**，192，196
埃克塞特的埃利斯父子 157
埃米尔·莱特尔 205
埃内斯托·皮埃雷 125
埃内斯托·皮埃雷 125
艾克瑟斯手工作坊 201
艾丽莎·波瑞蒂 186
爱德华·伯契 95，202
爱德华时期 176-180
爱丝普蕾 199
安德鲁·格里玛 204
凹雕 27，51，**95**
奥古斯托·卡斯特拉尼 124，202
奥马尔·拉姆斯登 168，206
奥斯卡·海曼 186

百宝匣 **154**，199
斑点花纹 38-39
半宝石 5，**17-26**
宝诗龙 **178**，**181**，**190**
宝石协会 4，209

保罗·威弗尔 207
鲍迪 **174**
贝壳 5
　浮雕 87-88
贝壳装饰 49
背雕水晶 **23**，**114**，151
彼得·卡尔·法贝热 11，23，72，**149**，**183-185**
碧玺 5，**25**
　西瓜 25
碧玉 5，30，104
别特侯爵 202
波光玉 19
百达翡丽 196
柏林皇家工厂 136
柏林铁艺 125，**136-138**
伯明翰
　手工艺行会 162
　首饰和银匠协会 159
　艺术学校 166
伯纳德·丘泽 166
铂金 152，177，192，194，198
布莱克、斯塔以及弗罗斯特 186

查尔斯·布朗 201
查尔斯·亨利·荷纳 145，**168**，204
查尔斯·雷尼·麦金·托什 106
查尔斯·刘易斯·蒂凡尼 186，207
查尔斯·罗伯特·阿什比 26，**163**，164，201
查尔斯·雅宝 188
查理·爱德华·斯图亚特王子 102
查理二世 45
查理一世 82，102
缠丝玛瑙 5，29，90
颤动首饰 **109**，114
长柄眼镜 **145**-146，**185**
长石 21
赤铜合金工艺 140
垂链 50，92

达姆施塔特聚居区 170

玳瑁 5，**38**，59，146
单片眼镜 145
德贝郡晶石 29
德瓦安尼 139
蒂凡尼 150，169，**182**，**186-187**
雕刻之角 **1**，87
悼念首饰 54，**81-86**，119
吊坠 14-18，**47**，72
　19 世纪 **65**，**71**，**91**，**123**，**125**，**126**，**127**
　20 世纪 **177**，**178**，**180**，**185**
不整齐吊坠 64，179
文艺复兴时期 **43-44**
多里·诺西特 **169**，203
多枝吊灯样式 45

厄尔·斯宾塞 205
耳坠
　17 世纪 44
　18 世纪 **34**，76
　19 世纪 **9**，**53**，**68**，**124-125**，**126**
　20 世纪 **177-178**，**180**，**192**

法国煤玉 **37**，84，86，144
珐琅 44，56，70-74，81-85，116，145，162，168，169，185
　背烧 73
　不透明的白色珐琅 **70**
　画珐琅 73
　玑镂 **72**，**184**
　利摩日 73
　镂空 **74**，171-172
　内填 **56**，165
　平铺 **72**
　掐丝 **71**
　浅浮雕 **70**
　日内瓦 73
　印度 **72**
　罩壳珐琅 **71**
梵克雅宝 **188**-189，193-194，199，207
方斯瓦德泽利·福蒙莫里斯 126，203

---

*　加粗页码为在书中以标题出现，或者出现在图释中。本书边码为原著页码。

菲比·安娜·特拉奎尔 106
菲利普·沃尔弗斯 **173**
翡翠 5, **15**
费顿那多·皮·卡斯特拉尼 56, 123, 132, 202
浮雕 51, **87-94**
　　宝石 90
　　贝壳 **88-89**
　　灿岩 91
弗雷德里克·宝诗龙 189, 201
芙蓉石 5, 30
福肯工作室 205
妇女参政运动 **25**, **146**
复古主义 56, **122-133**

橄榄石 5, **22**, **23**
刚玉 5
缟玛瑙 5, **28**, **85**, 90, **93**, 94, 104
锆石 5, **26**, 27
哥特复古主义 56, **125-128**, 140, 202
格拉斯哥 106
格拉斯哥艺术学校 106
格莱维茨 136
辜青斯基 205
古典复古主义 **123-125**, 204
古董珠宝 41
古罗马别针 202
古斯塔夫和杰拉德·山德士 **194**
古塔胶 37
国际金匠协会 209, 212

哈利·温斯顿 208
哈罗德·切尔德 169
海蓝宝石 12, **18**, **177**
毫米度尺 **3**
合成石 211
盒子
　　19 世纪 **64**, **157**
　　悼念 81-84
　　尊敬的 **103**
亨利·乔治·墨菲 **165**, 205
亨利·威尔逊 **164**, 165, 202, 208
亨利·威弗尔 207
红宝石 10-11
　　巴拉斯红宝石 24
　　缅甸红宝石 **10**, 109
　　星光 11
红电气石 25
红锆石 20

红玉髓 5, **28**
弧面 20, 21, 23
胡格诺 38
蝴蝶 **21**, 62, **74**, **115**, **143**, **162**
虎晶石 **108**
琥珀 33, 199
花边别针 **111**
花环样式 **177-179**, 187
花卉象征 44, 46, **109-110**, 118
花园 47, 109-**110**
滑扣 **82**, **83**
怀表 140, **153**, **154**
环形胸针 **41**, 102
皇家复活节彩蛋 184, 203
黄金
　　19 世纪 52, **56**, 57, 125
　　古代 **40**
　　三色金 53, 146
　　四色金 53, 117, 146, 147
　　中世纪 **41**
惠特比 54, 85
火山岩 **91**
霍尔拜因式首饰 56, **72**, 130, **131**
霍华德·卡特 192

贾钦托·梅利洛 124, 205
价值评估 209-210
尖晶石 4, 23, 24
简·西朗百杰 186
江诗丹顿 154
教堂风格 126, 203
杰西·M.金 106, 205
结婚戒指法案 116
戒指 **10-11**
　　17 世纪 **44**, **82**
　　18 世纪 47, **82**, **92**
　　19 世纪 **59**, **120**
　　费德戒指 **117**
　　吉卜赛 59
　　吉梅尔 116
　　克拉达戒指 117
　　罗马 **40**, 75
　　铭文 **117**
　　商人 **41**, 42
　　肖像戒指 42
　　心形戒指 **117**, **121**
　　中世纪 **41**
金伯利矿 57
金箔片 138

金绿宝石 5, **19**
　　贵橄榄石 18
　　猫眼 **19**
金银匠公司 9

卡尺 **3**
卡地亚 **72**, 145, 146, 150, 154, **155**, 187, **188**, 193, 196, 202
卡拉布雷西 **126**
卡鲁·朱利亚诺 56, **130-133**, 204
卡鲁和亚瑟 132
卡斯特拉尼 95, **99**, **123-124**
康斯托克矿脉 156
考古学风格 56, 123-125, **130**
柯巴脂 **34**
可可·香奈儿 192
克拉 6
克里斯多夫·德莱赛 166
克里斯多夫·皮奇比克 48, 140
刻面钢 49, **134-136**, 144
孔雀石 5, **29**, 90, 102, **198**
昆虫首饰 57, 58, **108**, 115

拉·克劳克 192, 199
拉姆斯登和卡尔 168, 206
拉长石 5, 29
蓝宝石 11-12, **41**, **176**
　　克什米尔 **11**, 177
　　蒙大拿 12
　　缅甸蓝宝石 11, 177
　　帕帕拉恰 12
　　桃红 12
蓝约翰 29
浪漫主义运动 130
劳力士 154
老普林尼 **96**
勒罗伊父子 154
勒内·拉利克 70, **161**, **171**-172, 205
雷帝公司 106
立体主义 191
利伯蒂公司 106, 145, 164, 166, **167**, 205
链子 **141**, **153**
　　17 世纪 44
　　19 世纪 58, 65
领带别针 **66**, **100**, **112**, **150-152**
六角蜂巢形 168
卢肯布斯 103, 157
卢西恩·法力兹 203

卢西恩·盖拉德 174
路基·皮齐勒 95，206
路基·索里尼 94，206
路易·方斯瓦·卡地亚 187，202
路易·卡地亚 187
路易斯·康姆福特·蒂凡尼 186，207
路易斯·维斯 126，207
鹭羽饰品 45
罗伯特·菲利普斯 56，110，**133**，206
罗马首饰 40
铝 140
绿松石 5，**25**，**55-56**，110，**120**
绿玉髓 5，**28**

马耳他十字架 **51**
马克赛石 49，94
马平·韦伯 199
马赛克 52，54，**96-101**，124
　佛罗伦萨 **100-101**
　罗马 **96-100**
马鬃 85
玛丽·修 106
玛瑙 5，**27**，90，94，**93**
　藓纹 28
麦修·博尔顿 48，134，144，201
梅森·威弗尔 **172**，207
煤玉 5，**37**，38，54，84
美好时代 15，79，**176-180**
米斯巴 159
名贵宝石 **5-16**
摩西·奥维德 1，206
莫恩斯·巴林 170
莫如尔·本内特公司 26，145，**168**，205
莫卧儿王朝珠宝 **178**，**181**，187，194

拿破仑 50-51，136，**147**
纳瓦霍印第安首饰 26
内森尼尔·马查特 95，205
泥炭栎 37，**38**
念珠 42
柠檬晶 5，**19**，**103**，146-147
牛津郡的伍德斯托克 134
纽扣 **71**，**144**，145，**167**

欧泊 5，15，22
　白欧泊 **22**
　黑欧泊 **15**
　火欧泊 22
　两层或三层欧泊 22，211

欧内斯特·莫如尔 168，205

帕洛玛·毕加索 186
盘蛇 55，59，**112-113**
炮铜 **140**，146
皮埃尔·卡地亚 187
皮奇比克 48，**140-142**，146
皮特·格瑞兹·冯·罗斯卓腾 43
普通金属 **134-143**

奇普赛德 43，**44**
铅笔 152
铅玻璃首饰 47，**75-80**，144
前拉斐尔派运动 204
嵌片 96
乔凡尼·皮齐勒 **92**，94，206
乔杰斯·弗里德里克·斯特拉斯 48，75
乔杰斯·富盖 174，203
乔赛亚·韦奇伍德 92，201
乔治·杰生 **170**，204
乔治·克瑞克珊克 84
乔治·雷文斯克罗夫特 75
乔治联合 157
乔治娜·加菲金 **166**，204
切尔德·切尔德 169，202
切割成方形 192
青金石 5，**29**，90，**198**
青年风格 170
清洗 213
蜻蜓 62，**171**
情感首饰 53，58，**116-121**
情感主题 **21**，**117**
丘比特 119
群镶 25

人造树胶 35
日本风格 158，**189**
瑞士青金石 28

撒克逊首饰 **41**
塞璐珞 35
塞缪尔·宾 172
塞维尼夫人 45
沙皇亚历山大二世 16
沙皇亚历山大三世 184，203
莎拉·贝恩哈特 203
珊瑚 5，**35-36**，55，91，110，**125**，199
闪电岭 **15**
闪猫光的 19

尚美 181，189
石榴石 5，20，**51**，55
　波西米亚 **20**
　翠榴石 21
　钙铝榴石 20
　镁铝榴石 20
　铁铝榴石 20，**55**
十字架 42，45，**73**，**157**
手表 178，**188**，**197**，212
手工艺行会 164
首饰套装 **14**，**21**，**52**，**88**，**93**，195
手镯 57，69，125，**158**
手镯、手链
　18 世纪 **134**
　19 世纪 54，**68**，**72**，**100**，**137-138**，**142**
　20 世纪 **181**，**193**，**194**，**197-198**
双层 57
双耳瓶 124，202
水果锦囊 **196**
水晶 5，**35**，104，132，192
水晶宫 122
斯宾塞·波西瓦尔 84
斯坦尼斯苏·波尼亚托夫斯基王子 95
死亡提示 **45**，**81-86**，149
苏格兰玛丽皇后 102
苏格兰首饰 **19**，**102-107**，149，157
苏提里奥·宝格丽 201
苏托尔 **179**，192

塔德 57
陶瓷 **91**，140
贴箔 47，156
筒夹镶嵌 77，151
头发首饰 **83**
头冠 **61**，141
图坦卡蒙 188，192
托莱多的埃莱诺拉蒂 **8**
托马索·索里尼 94，206
托帕石 5，**24**，**184**

王冠 **52**
威尔士 167
威廉·伯杰斯 126，202
威廉·布朗 201
威廉·莫利斯 162，204
威廉·皮特 205
唯美主义 159
维多利亚女王 81，103
维多利亚时期早期的浪漫主义 54-55

维京首饰 41
维也纳分离派 191
维也纳艺术和手工中心 170
伪造 210-212
文艺复兴复古主义 128-133，204
沃尔瑟姆 153
沃尔特•切尔德 169
沃尔特•司科特 104
沃克斯豪尔玻璃 **80**

西奥多•法尔纳 **170**，203
西比尔•邓洛普 169，203
西里西亚 136
西曼•舍普斯 186
细金丝 **51-53**，94
细流形 **39**
香水 **119**，**155**
镶嵌 59，63，92
项链
　17 世纪 **44**
　18 世纪 **47**，135
　19 世纪 **65**，**89**，**90**，**131**，**139**
象牙 5，**36**
鞋扣 **144**
谢菲尔德艺术学校 168
辛普森•毛丹 152
新古典主义 49，83，**97**，98，121，
　151，**179**
新奇首饰 62，149，161
新文艺复兴风格 130，132
新艺术 170
新艺术运动 145，**171-175**
胸针 9，**47-49**，**51**，**54-55**，**60**，
　62-64，**70**，**73-74**，**76**，**96**，
　100，**108-109**，**111**，**123**，**133**，
　135，**143**，**177**，**189**，**194**，
　198-199
　蝴蝶结形胸针 62，**176**，198
　花卉形胸针 **49**，59，**62-63**，
　109-111，**156**
　玛丽皇后 **102**
　鸟形胸针 62，**120**
　情感首饰 96，**117-121**
　条形胸针 63
　新奇胸针 62
　星形胸针 **60**，62
修理 212
袖扣 58，**148-149**，**185**
血石 27
血玉髓 5，**27**

雅各布•埃伯斯坦 1
雅克•卡地亚 187
亚历克斯•法力兹 57，**71**，203
亚历山大•费希尔 165
亚历山大石 4，**16**
亚历山德罗•卡斯特拉尼 123，202
亚瑟•加斯金 **166**，204，205
亚瑟•拉曾比•利伯蒂 166，205
亚述 **57**
烟盒 **140**，**190**，**200**
烟晶 19，23
赝品 47，**210-212**
腰挂链 48，134，**146**
野兽派 191
一字胸针 198
伊达尔•奥博斯坦 104
伊尔莎•斯奇培尔莉 192
伊特拉斯坎 123
银
　首饰 65，68，**156-161**
　镶嵌 156
隐秘镶嵌 188
印度首饰 65
印章 17-19，**142**
　黑人印章 148
　音乐印章 **147-148**
萤石 5，29
硬橡胶 37
有机宝石 5，**30-39**
玉石 **195**，199
　软玉 5，**30**
玉石拼贴 101
玉髓 5，27，**53**，147
御木本幸吉 191
约翰•保罗•科博 **165**，202
约翰•贝林罕 **84**
约翰•布罗格登 125，**126**
约翰•道森•沃森 122
约翰•康拉德•盖斯 **139**
约翰•拉斯金 162
月光石 5，**21**
运动首饰 **60**，62，161

詹姆士•塔西 95，202，207
詹姆士二世 **45**
詹姆士一世 **45**
展览
　1851 年世界博览会 122，162
　全俄展览会 203
　装饰艺术与现代工业国际展览 191

珍珠 5，30-34，130，178
　布顿珍珠 31
　淡水珠 32
　粉色珍珠 32
　考克珠 33
　马贝珠 33
　米粒珠 31，**54**
　米赛尔珠 32
　密西西比珍珠 31，**186**
　气泡 31
　人造珍珠 **33**
　天然（东方）珍珠 30，31，33，63，
　68，191
　养殖珍珠 32
　异形珍珠 31，**42**
中世纪 41
中世纪首饰 **42**
钟 **72**
朱尔斯•维斯 126，207
朱利恩•雅宝 188
珠钉镶嵌法 177
珠母贝 32
钻石 **5-9**，64
　18 世纪 **47-49**，**120**，156
　19 世纪 **10**，**59-64**，**68**，
　108-109，**111**
　20 世纪 177-178，193，197-200
　彩色 7，**142**，151
　橄榄形 **6**，177
　玫瑰切工 **8**，44
　明亮切工 6，**9**，177，193
　水滴形 6，**9**
　梯方切工 9，192
　希望之钻 208
　桌式切工 **8**，**73**
装饰宝石 5，**27-30**
装饰艺术 188，189，**191-199**
紫水晶 5，**17**，19
自然主义 53-54
祖母绿 5，13，43，45，**47**，**178**
　埃及 13
　哥伦比亚 13，**14**
　哈巴奇塔尔 13
　桑达瓦纳 13
　西伯利亚 13

约翰·本杰明（John Benjamin）

英国宝石协会研究员（F. G. A.）、宝石协会钻石认证师（D. G. A.）、伦敦市荣誉市民、金匠公司（Goldsmiths' Company）荣誉成员、国际金匠学院注册评估师协会会员。

1972年，约翰·本杰明在"雕刻之角"（Cameo Corner）开始其职业生涯。雕刻之角是伦敦布鲁姆斯伯里区（Bloomsbury）著名的珠宝商，专业经营古代、文艺复兴以及18~19世纪的古董首饰。在先后获得宝石协会研究员、宝石协会钻石认证师认证之后，本杰明以编目员和评估师的身份进入菲利普斯拍卖行（Phillips Auctioneers）。他在这家拍卖行工作了23年，最终成为该拍卖行的国际珠宝总监，专门负责伦敦和日内瓦的销售事务。1999年，他建立了自己独立经营的首饰咨询公司约翰·C. 本杰明公司。

约翰·本杰明还是英国广播公司（BBC）旗下《古董秀》（Antiques Roadshow）节目的长期撰稿人，并经常在英国、欧洲大陆国家和美国开展一系列珠宝首饰相关主题的讲座。

图书在版编目(CIP)数据

欧洲古董首饰收藏 / (英) 约翰·本杰明
(John Benjamin) 著；杨柳,任伟译. -- 北京：社会
科学文献出版社,2018.7 (2023.3重印)
  书名原文: Starting To Collect Antique
Jewellery
  ISBN 978-7-5201-2150-7

  Ⅰ.①欧… Ⅱ.①约… ②杨… ③任… Ⅲ.①首饰－
收藏－欧洲 Ⅳ.①G262.9

  中国版本图书馆CIP数据核字(2017)第328546号

欧洲古董首饰收藏

著　者／〔英〕约翰·本杰明（John Benjamin）
译　者／杨　柳　任　伟

出 版 人／王利民
项目统筹／祝得彬
责任编辑／张　萍
责任印制／王京美

出　　版／社会科学文献出版社·当代世界出版分社（010）59367004
　　　　　地址：北京市北三环中路甲29号院华龙大厦　邮编：100029
　　　　　网址：www.ssap.com.cn
发　　行／社会科学文献出版社（010）59367028
印　　装／北京盛通印刷股份有限公司

规　　格／开　本：787mm×1092mm　1/16
　　　　　印　张：14　字　数：256千字
版　　次／2018年7月第1版　2023年3月第4次印刷
书　　号／ISBN 978-7-5201-2150-7
著作权合同
登 记 号／图字01-2017-9452号

定　　价／189.00元

读者服务电话：4008918866

▲ 版权所有　翻印必究